AF536575

PERSÖNLICHKEITS ENTWICKLUNG

MEHR ERFOLG & GLÜCK IM LEBEN

Wie Sie mit Hilfe von effektiven Methoden Ihr Mindset verbessern, Ihre Ziele erreichen und Ihre Persönlichkeit auf das nächste Level heben

INHALT

Wer bin ich?

Sie möchten sich entwickeln, Sie möchten einen neuen Weg gehen, Ihren Horizont erweitern und sich mit neuen Menschen und neuen Dingen umgeben. Sie sind bereit für Veränderung, Sie haben Großes vor und Sie möchten das Große auch erreichen. Aber wie? Wie können Sie all das tun, wie können Sie Ihren neuen Weg einschlagen, wie können Sie neue Menschen kennenlernen und sich weiterentwickeln? Wie funktioniert das, plötzlich ein offener, ordentlicher, organisierter und stets gut gelaunter Mensch zu sein? Oder heißt Persönlichkeitsentwicklung gar nicht Organisation, Ordnung, gute Laune und Offenheit? Wer definiert die Entwicklung einer Persönlichkeit und wovon hängt sie ab? Zunächst einmal muss klargestellt werden, dass es nicht die allgemeingültige Definition einer Persönlichkeitsentwicklung gibt, weil diese ebenso vielfältig, individuell und personenabhängig ist wie der Mensch und seine Persönlichkeit selbst.

Die meisten Menschen setzen sich mit dem Thema der Entwicklung auseinander, um glücklicher und erfolgreicher zu werden, wobei es sich auch hier um allgemeine und nicht spezifische Ziele handelt. Nur eines ist bei der Persönlichkeitsentwicklung tatsächlich Menschen-unabhängig und immer gleich: Es handelt sich um einen kontinuierlichen und langwierigen Prozess, bei dem nicht von heute auf morgen komplette Verhaltensmuster geändert werden können. Da aber grundsätzlich die individuellen Potenziale gestärkt und ausgebaut werden, kann sich die Zukunft tatsächlich erfolgreicher und glücklicher gestalten.

Prinzipiell verläuft eine Persönlichkeitsentwicklung aber nicht gänzlich willkürlich, es gibt eine gewisse Reihenfolge von Prozessen und Erkenntnissen, die über den Erfolg einer solchen Entwicklung entscheiden. Hierbei handelt es sich um drei Komponenten, die aufeinander aufbauen, trotzdem aber gleich wichtig sind: die Erkenntnis der eigenen Persönlichkeit, ihre Akzeptanz und die Veränderung selbst.

Selbsterkenntnis

Wer sich mit seiner Persönlichkeit beschäftigt, kommt nicht darum herum, sich selbst zu erkennen und zu entdecken. Ich muss wissen, was mich ausmacht, um die Potenziale optimieren zu können. Vollkommen frei von jeglicher Wertung wird im ersten Schritt also festgestellt, was die persönlichen Merkmale sind, welche Stärken und auch Schwächen das Individuum hat, wie sein Temperament ist, was typisch für die Person ist und was sie einzigartig macht. Nicht nur die Selbstwahrnehmung spielt eine große Rolle, auch die Fremdwahrnehmung kann hilfreich und sinnvoll sein. Denn man kann sich nur entwickeln, wenn man weiß, an welchem Punkt man jetzt im Augenblick steht. Aber wie kann diese Selbsterkenntnis konkret aussehen?

THE BIG FIVE – DIE FÜNF PERSÖNLICHKEITSEIGENSCHAFTEN

Helfen können die großen wissenschaftlich anerkannten Persönlichkeitseigenschaften, die sogenannten *Big Five.* Für die Persönlichkeitsentwicklung können sie einen Ansatz darstellen, über sich selbst nachzudenken, sich selbst einzuschätzen und seinen Charakter aus verschiedenen Richtungen zu beleuchten. Um sich mit seiner eigenen Persönlichkeit auseinandersetzen zu können, sollte im Vorfeld geklärt werden, wie sich eine solche Persönlichkeit aus wissenschaftlicher Sicht zusammensetzt. Auch, wenn es nicht abstreitbar und selbstverständlich ist, dass jeder Mensch als Individuum eine völlig einzigartige Persönlichkeit besitzt, lassen sich doch Kategorien bilden, die jeden Menschen treffen. Bereits in der ersten Hälfte des 20. Jahrhunderts verfolgten amerikanische Psychologen den Ansatz, dass sich Merkmale der Persönlichkeit in der Sprache manifestiert haben müssen. So fingen sie an,

Wörterbücher und Lexika zu durchforschen und jegliche Begriffe, die Persönlichkeitsmerkmale widerspiegelten, zusammenzutragen.

Ergebnis waren über 18.000 Begriffe, die Unterschiede zwischen Menschen repräsentieren. Im Laufe der Zeit konnte diese Vielzahl an Merkmalen mithilfe von verschiedenen Analysen und Tests stark eingegrenzt werden, bis schlussendlich genau fünf stabile und unabhängige Faktoren übrigblieben, die sogenannten *Big Five.*[1]

Die B*ig Five* werden häufig auch als Fünf-Faktoren-Modell oder OCEAN-Modell bezeichnet. Letzteres verdankt seinen Namen den Anfangsbuchstaben der entsprechenden Dimensionen:
Offenheit für Erfahrungen (openness to experience), Gewissenhaftigkeit (conscientiousness), Extraversion (extraversion), Verträglichkeit (agreeableness) und Neurotizismus (neuroticism).
Die in verschiedenen Lexika gefundenen Begriffe zum Thema Persönlichkeitsmerkmal können in diese fünf Kategorien eingeordnet werden und einen kurzen Einblick in die Persönlichkeit eines jeden Individuums geben. Jeder selbst kann seine Merkmale einschätzen und diese Einschätzung als Anreiz oder als Tipp sehen, wo er sich welche Ziele setzen kann. Konkret kann jede Kategorie also noch weiter geöffnet werden. Wichtig ist bei der Einschätzung jedoch, dass es sich bei dem Modell keinesfalls um Wertung oder Beurteilung handelt. Die Kategorien sollen lediglich objektiv Aufschluss über die verschiedenen Variablen einer Persönlichkeit geben. Wissenschaftlich ermittelt werden diese Werte über bestimmte psychologische Tests oder Fragebögen, zu denen unter anderem der MMPI-Persönlichkeitsfragebogen (Minnesota Multiphasic

---

[1]Vgl. Oliver P. John, Laura P. Naumann, Christopher J. Soto: *Paradigm Shift to the Integrative Big Five Trait Taxonomy*. Handbook of Personality Theory and Research. 3. Auflage. 2008. S. 114–117

Personality Inventory) oder der NEO-PI-R gehören. Hierbei handelt es sich um einen umfangreichen Test mit 240 Items, der von Paul T. Costa und Robert R. McCrae entwickelt und von Fritz Ostendorf und Alois Angleitner übersetzt wurde. Die Fragen im Test werden nicht nur den fünf verschiedenen Faktoren zugeteilt, sondern jeweils noch in sechs Unterkategorien, sogenannte Facetten, unterteilt. Die Antworten werden auf einer Likert-Skala mit fünf Stufen eingetragen, bei der der Teilnehmer sich dafür entscheiden muss, wie sehr er einer Behauptung zustimmt oder sie ablehnt. Während der Auswertung des Tests wird dann für jede Dimension eine Punktsumme errechnet, sodass sich schlussendlich ein Wert ergibt, der laut Handbuch als niedrig, durchschnittlich oder hoch angesehen wird. Neben diesem etwa 35-minütigen Test wurde von den Entwicklern zusätzlich eine kürzere Version (der NEO-FFI) entwickelt, die dank 60 Items nur etwa zehn Minuten Zeit in Anspruch nimmt.

OFFENHEIT FÜR ERFAHRUNGEN

Jeder Mensch wird jeden Tag mit neuen Eindrücken und Erlebnissen konfrontiert. Es ist unmöglich, den täglichen Erfahrungen komplett aus dem Weg zu gehen. Und trotzdem kann das Interesse und die aktive Beschäftigung mit diesen Eindrücken stark variieren. Je höher die eigene Offenheit eingeschätzt wird, desto neugieriger und erfinderischer ist ein Mensch vermutlich. Auch der Intellekt, eine große Fantasie, künstlerisches Interesse und die deutliche Wahrnehmung sowohl von positiven als auch negativen Gefühlen werden oft in Zusammenhang mit einer offenen Persönlichkeit gebracht. Die Bereitschaft für Abwechslung, unkonventionelle und neue Verhaltensweisen, kritische Hinterfragungen sowie die eigene Bildung unterschiedlicher Wertvorstellungen geht mit hohen Offenheitswerten ebenso einher. Auch Kreativität und Interesse an Ästhetik nehmen mit dem Wert an Offenheit zu. Je niedriger die Offenheitswerte eingeschätzt werden oder ausfallen, desto konservativer bleiben auch die Einstellungen des Individuums. Konventionelles und altbekanntes Verhalten wird Neuem vorgezogen und auch die Wahrnehmung von Gefühlen läuft eher gedämpft und im Hintergrund ab. Die meisten Menschen mit einer niedrigeren Offenheit für Erfahrungen verhalten sich zusätzlich allgemein vorsichtig und besonnen.

GEWISSENHAFTIGKEIT

Zielstrebigkeit, Selbstkontrolle und Genauigkeit. Diese drei Bezeichnungen beschreiben einfach aber deutlich den Faktor der Gewissenhaftigkeit. Etwas näher erläutert, können in der Psychologie verschiedene Facetten aufgelistet werden, die die Gewissenhaftigkeit aktiv beeinflussen und ausmachen. Dazu zählen das Pflichtbewusstsein, die Kompetenz, das Streben nach Leistung, die Ordnungsliebe, die Besonnenheit sowie die Selbstdisziplin. Je höher der Wert an Gewissenhaftigkeit ist, desto effektiver und organisierter handelt eine Person. Ihre Taten sind in der Regel gut geplant und im Vorfeld durchdacht worden, sie werden verantwortlich, sorgfältig und zuverlässig ausgeführt. Wissenschaftlichen Ergebnissen zufolge nimmt mit dem Alter statistisch gesehen auch der Wert an Gewissenhaftigkeit zu.[2] Vor allem in Bezug auf den beruflichen Erfolg und die Karriere ist die Gewissenhaftigkeit ein wichtiger Faktor der Persönlichkeit. Menschen mit einer ausgeprägten Gewissenhaftigkeit weisen in der Regel bessere Führungsqualitäten, ein besseres Verhalten im Team sowie allgemein höhere Leistungen auf.

---

[2]Jens B. Asendorpf, Franz J. Neyer: *Psychologie der Persönlichkeit*. Springer; Auflage: 5., vollst. überarb. Aufl. 27.11.2012, S. 317.

EXTRAVERSION

Zu diesem Faktor werden zwischenmenschliche Interaktionen sowie die allgemeine Aktivität und auch die Begeisterungsfähigkeit gezählt. Je höher die Extraversionswerte eines Menschen, desto aktiver, geselliger, gesprächiger und optimistischer ist er aus statistischer Sicht. Diese nach außen gerichtete Haltung zeichnet sich zudem durch Energie, Abenteuerlust, Heiterkeit und auch die Orientierung an anderen Personen aus. Je introvertierter eine Person ist, d. h. je niedriger ihr Wert an Extraversion ist, desto zurückhaltender ist sie in der Gesellschaft oder in sozialen Interaktionen. Unabhängigkeit, Passivität und Ruhe sind weitere Merkmale von Introversion. Es handelt sich jedoch um einen Irrtum, dass Introvertierte automatisch schüchtern sind oder kein Interesse an sozialen Kontakten haben. Zwischenmenschliches Verhalten ist auch bei Menschen mit niedrigem Extraversionswert erwünscht, nur in geringerem Umfang als bei einem hohen Wert. Gemeinsam mit der Gewissenhaftigkeit entscheidet die Extraversion maßgeblich über die Leistungsfähigkeit eines Individuums innerhalb einer Gruppe.

VERTRÄGLICHKEIT

Auch die Verträglichkeit beschreibt das interpersonelle Verhalten und die Art und Weise, anderen Menschen zu begegnen. Begriffe wie Hilfsbereitschaft und Altruismus gehen in der Regel mit hohen Verträglichkeitswerten einher, und werden von Adjektiven wie zum Beispiel kooperativ, nachsichtig, mitfühlend, vertrauensvoll und warm unterstützt. Im Gegensatz dazu finden Bezeichnungen wie Egozentrismus, Misstrauen und Bereitschaft für Streit ihren Platz bei niedrigeren Verträglichkeitswerten. Dennoch ist vor allem bei dem Faktor Verträglichkeit ein Urteil über gute oder schlechte Verträglichkeit vollkommen unangebracht. Auch wenn egozentrische und streitbare Menschen in der Gesellschaft oft weniger erwünscht sind, kann auch ein ausgeprägter

Altruismus seine Nachteile und Tücken mit sich bringen. Oftmals spielt auch die Berufswahl eine entscheidende Rolle, denn als Jurist beispielsweise sollte und darf das Augenmerk nicht auf dem gegnerischen Mandanten liegen.

NEUROTIZISMUS

Abgeleitet von dem Wort Neurose (griechisch für ‚Nervenkrankheit') beschäftigt sich diese Kategorie mit der emotionalen Labilität. Nervosität, Unsicherheit, Reizbarkeit und Ängste finden sich häufig bei Personen mit erhöhtem Neurotizismus-Wert wieder. Auch ein dauerhafter Zustand von Unzufriedenheit, negative Affektlagen, Melancholie und Traurigkeit werden solch einem hohen Wert zugeschrieben. Oftmals klagen Betroffene zudem über Ärger oder sensible Reaktionen auf Stress. Da externe Reize emotional stärker kodiert und wirksamer konditioniert werden, erleiden Menschen mit erhöhtem Neurotizismus-Wert auch häufiger reale Neurosen. Je niedriger der Wert ist, desto ausgeglichener, entspannter und zufriedener ist das Individuum. Die niedrigen Werte müssen jedoch nicht automatisch mit positiven Gefühlen verbunden werden oder unmittelbar nach solchen eintreten, es handelt sich um allgemeine Werte, wie eine Person mit vor allem negativen Emotionen umgeht.

Doch was haben diese Faktoren einer Persönlichkeit nun mit der konkreten Persönlichkeitsentwicklung zu tun? Die Entwicklung oder Weiterentwicklung kann nicht planlos und ohne Ziele durchgeführt werden. Um sich selbst im Moment besser einschätzen zu können und sich gegenwärtige Ziele zu setzen, ist die individuelle Auseinandersetzung mit der aktuellen Persönlichkeit also unumstößlich. Niemand erwartet an dieser Stelle einen ausgefüllten psychologischen Fragebogen. Aber schon allein die Frage, wie gewissenhaft oder offen ein Mensch ist, bringt den Stein zum Rollen. Wie offen möchte ich sein, welche Erfahrungen habe ich machen müssen, als ich zu offen war? Kann und möchte ich mich bestimmten Menschen oder Situationen gegenüber mehr öffnen als anderen? Oder muss ich mich allen gegenüber gleich offen verhalten? Die aktuelle Bestandsaufnahme der individuellen Persönlichkeit ist der erste Schritt, um eigene Ziele und Erwartungen für die Entwicklung der Persönlichkeit definieren zu können. Denn die Entwicklung ist und bleibt ein langwieriger Prozess, der viele verschiedene kleinere und auch größere Ziele beinhaltet.

Es wird also nicht erwartet, einen umfangreichen wissenschaftlichen Test abzulegen, nur um etwas Selbstreflexion auszuüben und sich selbst einzuschätzen. Ein Brainstorming reicht aus, um jeden Bereich der Big Five zu beleuchten. Wo kann ich meine persönlichen Stärken wiederfinden, welche Gebiete könnten ausgebaut werden, wie verhalte ich mich im Umgang mit anderen und erledige ich meine Aufgaben gewissenhaft? Mit etwas Zeit, einem Stift und einem leeren Blatt Papier und der Ehrlichkeit zu sich selbst zu stehen kann eine momentane Bestandsaufnahme der Persönlichkeit grob angefertigt werden. Im Vordergrund steht hier aber eindeutig die objektive Bestandsaufnahme, Wertungen und Urteile sollten außer Acht gelassen werden. Im Zuge dieses Prozesses werden vermutlich einige Fragen aufkommen, die sich vor allem um das Warum drehen. Warum handle ich so, wie ich handle, warum sind genau dies meine Schwächen, warum fällt mir jenes leicht?

Gene und Umwelt formen Persönlichkeit

Die gute und die schlechte Nachricht zugleich: für manche Eigenschaften und Charakterzüge können Sie nichts. Gewisse Punkte wurden Ihnen in der Tat in die Wiege gelegt, sie sind genetisch bedingt. Dass die Gene sogar einen beachtlichen Teil der Persönlichkeit ausmachen, belegen Studien über ein- und zweieiige Zwillingspaare. Das Ergebnis dieser Studien ist weitestgehend dasselbe, während im (frühen) Kindesalter sich sowohl ein- als auch zweieiige Zwillinge relativ ähnlich sind, nimmt diese Ähnlichkeit bei zweieiigen Zwillingen im Laufe der Zeit stark ab, als Erwachsene ähneln sie sich statistisch gesehen nur noch zu knapp 50 %, wie es auch normale Geschwisterpaare tun. Eineiige Zwillinge bleiben bei den Auswertungen der Tests jedoch auch im hohen Alter noch auf einer sehr ähnlichen Kurve, was heißt, dass sie sich auch mit der Zeit in die gleiche Richtung entwickeln.[3]

Der Ire Kevin Mitchell konnte in seinem Buch sogar Zahlen nennen, er verweist auf etwa 40 % bis 60 % der individuellen Eigenschaften, die genetisch bedingt seien. Zeitgleich ergeben Umwelteinflüsse und die persönliche Umgebung ca. 10 % der Persönlichkeit, die übrigen 30 % bis 50 % hält Mitchell für Zufälle oder die natürliche Entwicklung und Arbeit des menschlichen Gehirns.[4] Trotzdem können und dürfen diese wissenschaftlichen Ergebnisse kein Grund sein, sich in seinen Verhaltensmustern gefangen zu halten, mit der Annahme, sie wegen der

---

[3]TwinLife Studie, Deutsche Forschungsgemeinschaft (DFG), gestartet 2014.
[4]Kevin J. Mitchell: *Innate: How the Wiring of Our Brains Shapes Who We Are.* Princeton Univers. Press, 2018.

Genetik sowieso nicht ändern zu können. Auch wenn die Gene tatsächlich unveränderlich sind, können bestimmte Gedankengänge oder Verhaltensweisen abgeändert und optimiert werden. Dazu müssen diese zu optimierenden Eigenschaften aber zunächst einmal erkannt werden. Aber wie können Sie unbewusste Verhaltensmuster entdecken?

Unbewusste Verhaltensmuster erkennen

Bereits in den ersten Lebensjahren eines Menschen baut sich eine Art inneres Bewertungssystem auf, das ihn sein ganzes Leben lang begleiten wird. Es wird vor allem zu Beginn von den Erfahrungen mit Bezugspersonen beeinflusst und sorgt dafür, dass ein Mensch in einer bestimmten Situation das Gefühl erfährt, das er verspürt. Wird dieses zunächst neutrale System durch verschiedene Situationen oder Mängel verletzt, können negative Reaktionsmuster entstehen. Diese spiegeln sich dann auch im Erwachsenenalter noch in verschiedenen Verhaltens- und Haltungsmustern wider. Jeder Mensch trägt solche Verhaltensmuster in sich, die meistens sogar unbewusst Teil der Persönlichkeit sind und zur Gewohnheit werden. Und gerade diese Gewohnheit gestaltet die Veränderung von Verhaltensmustern als äußerst schwierig, da ein hohes Maß an Konsequenz und Disziplin gefordert wird.

Langfristig einfacher und erfolgreicher ist also nicht der Ansatz, die unbewussten Verhaltensmuster zu ändern, sondern ihrer Ursache auf den Grund zu gehen. Denn diese Reaktionsmuster arbeiten wie eine Art Schutzmauer und wollen den Menschen vor den vermeintlich beängstigenden Situationen schützen. Doch brauchen Sie diesen Schutz noch? Um sich selbst entwickeln zu können und die genannten unbewussten Verhaltensmuster ablegen zu können, müssen Sie sich also Ihren offensichtlichen Ängsten stellen.

Diese zu erkennen, ist oft einfacher, als das eigene Verhalten akribisch zu analysieren. Weiter können Sie einige Tage lang aktiv auf Ihre eigenen Gedanken und Aussagen achten, weil sich auch hinter banalen Aussagen oft unbewusste und auch einschränkende Glaubenssätze verstecken. Ein genervtes „es ist auf niemanden Verlass" kann auf ein

Misstrauensmuster hinweisen oder der Gedanke, wie schlecht die eigene Situation doch ist, auf ein Jammermuster. Um im zweiten Schritt die Intensität dieser Verhaltensmuster einzuschätzen, können Sie sich konkrete Fragen dazu stellen. „Kann ich mich wirklich auf niemanden verlassen?“ Wenn ein Mensch inkongruent handelt, sein Verhalten insgesamt also nicht stimmig ist, kann auch das auf ein unbewusstes Verhaltensmuster hindeuten. Vor allem die Stimme und die Physiologie entlarven es in diesem Fall. Wenn der Kontext, die Stimme und die Physiologie nicht zusammenpassen, könnte sich auch hier ein Muster verbergen. Mit ein wenig Achtsamkeit und Aufmerksamkeit können Sie rasch Ihre eigenen Verhaltens- und auch Denkmuster aufspüren. Und nur, wenn diese nicht mehr vollkommen unbewusst ablaufen, können Sie sie aktiv nutzen, um noch zufriedener und erfolgreicher in Ihrem Leben zu werden.

Selbstakzeptanz

Alles, was Sie bislang nun über sich erkannt und entdeckt haben, sollten Sie auch so akzeptieren, wie es ist. Es geht in erster Linie nicht um die Selbstliebe, sondern wirklich um die Selbstakzeptanz. Die Schwächen, die vermeintlichen Fehler, die negativen Muster Ihres Verhaltens und Denkens, es gehört zu Ihnen – genauso wie Ihre Stärken, die Talente und die von Ihnen ausgehende Positivität. Um sich selbst in der Gesamtheit zu akzeptieren, müssen und sollen die unangenehmen Eigenschaften aber nicht versteckt oder kleingeredet werden. Sie haben die gleiche Daseinsberechtigung wie die angenehmen. Und es geht sogar noch einen Schritt weiter. Erst wenn Sie sich bewusst geworden sind, wer Sie sind und was Sie auszeichnet, mit allen Facetten, können Sie beginnen, daran zu arbeiten und sich zu entwickeln. Das Ziel dieser Entwicklung, Ihrer individuellen Persönlichkeitsentwicklung, ist aber nicht das Ablegen von negativen Eigenschaften, sondern Ihre innere Zufriedenheit. Und der Grundstein dafür ist nun einmal die Akzeptanz Ihrer Persönlichkeit, Ihres Selbst.

Aber wie funktioniert das jetzt, wie kann jeder Mensch selbst lernen, sich anzunehmen und zu akzeptieren? Über die Jahre hinweg haben Sie vermutlich die Erfahrungen gemacht, dass Sie etwas leisten müssen, um Anerkennung, Liebe oder Erfolg zu ernten, dass der aktuelle Stand, so wie er war, oftmals nicht ausgereicht hat. Und genau solche Verurteilungen haben dafür gesorgt, dass dazu noch Selbstverurteilungen kommen, die Ihnen das Gefühl geben, in bestimmten Dingen oder Situationen nicht genug zu sein, dass die aufgedeckten Schwächen verringert oder abgelegt werden müssen, um liebenswert zu werden. Von diesen Selbstverurteilungen sollten Sie sich jetzt befreien.

Jeder Mensch hat das Recht, gut genug zu sein, ohne etwas dafür leisten zu müssen. Statt sich anzupassen, sollte lieber auf die persönlichen Bedürfnisse geachtet werden, die eigenen Gefühle dürfen und sollen beachtet werden, Mitgefühl für sich selbst ist angebracht. Egal, ob es sich um Zuneigung und Liebe handelt oder ob ein kleiner Motivationsschub für den Moment passender ist, nur Sie selbst können erfahren, was Sie gerade benötigen. Und wenn Sie zulassen, dass Sie oder Ihr Umfeld es Ihnen schenkt, dann sind Sie auf dem richtigen Weg, sich selbst zu akzeptieren. Nehmen Sie also einmal die Beobachterrolle ein, achten Sie auf Ihre Gedanken und Bedürfnisse, geben und lassen Sie sie zu. Denn erst, wenn die Gedanken nicht mehr verurteilt werden, kann der Prozess der Akzeptanz starten.

Wer will ich sein?

Wenn Sie angefangen haben, sich selbst so anzunehmen wie Sie sind, und sich akzeptieren, kann die eigentliche Entwicklung Ihrer Persönlichkeit beginnen. Denn Sie wissen jetzt, an welchem Punkt Sie stehen. Sie haben gelernt, Ihre Bedürfnisse und Gefühle zu erkennen und darauf einzugehen. Die Frage, die sich Ihnen nun vermutlich stellt: Wer will ich eigentlich sein? Wo will ich hin mit meiner Persönlichkeitsentwicklung? Was will ich genau entwickeln und ausbauen?

Schon dem indischen Rechtsanwalt und Führer der Freiheitsbewegung Mahatma Gandhi werden die Worte „Sei du selbst die Veränderung, die du dir wünschst für diese Welt“ zugewiesen. Auch, wenn leider keine eindeutigen Quellen des Ursprungs dieses Zitates bekannt sind, so ist doch der Kern aussagekräftig genug. Wie sehen Sie Ihre Welt? Was fehlt, was sollte verändert werden? Hier ist der Ansatz Ihrer persönlichen Entwicklung. Denn glücklicherweise ist jeder Mensch, unabhängig vom Alter, jederzeit in der Lage, sich selbst, seine eigene Welt und seine Persönlichkeit ein Stück weit zu verändern.

WANDELBARKEIT DER PERSÖNLICHKEIT

Diese stetige Wandelbarkeit einer Persönlichkeit konnte inzwischen sogar wissenschaftlich belegt werden. Die deutsche Psychologin Jule Specht hat die Persönlichkeitsentwicklung, das Wohlbefinden, soziale Beziehungen und die Persönlichkeit selbst zu ihren Forschungsschwerpunkten auserkoren. Erst im Mai 2018 konnte sie im Rowohlt Verlag ihr neues Buch veröffentlichen, das den Titel „Charakterfrage:

Wer wir sind und wie wir uns verändern“[5] trägt. Sie beschäftigt sich in dem Buch vor allem mit der Frage, warum ein Individuum so ist, wie es ist. Dabei werden auch die Entstehung und die Entwicklung der Persönlichkeit beleuchtet, die – nach ihrer Forschung – zu urteilen, ein über die ganze Lebensspanne andauernder Prozess ist. Der Wandel der Persönlichkeit ist aber nicht gleichzusetzen mit der Entwicklung der Persönlichkeit. Während der Wandel sowohl positiv als auch negativ sein kann und beispielsweise als eine gefühllose Anpassung an die Gesellschaft ausgedrückt werden kann, steht bei der Persönlichkeitsentwicklung klar die Optimierung der individuellen Potenziale im Vordergrund.

Besonders gut verdeutlicht werden kann die Wandelbarkeit an älteren Menschen, auch wenn dieses Feld bislang noch wenig erforscht ist. So stimmen Sie wahrscheinlich zu, dass einige ältere Menschen zwar verschlossener gegenüber neuen Erfahrungen und allgemeinen Neuerungen sind, dafür aber umso verträglicher mit Mitmenschen als beispielsweise jüngere Menschen. Die Wahrscheinlichkeit, dass diese grobe Verteilung einzelner Merkmale nicht immer so war, ist sehr hoch. Weiter bilden sich auch einige ältere Menschen gern in VHS-Kursen oder Ähnlichem weiter, suchen sich eine ehrenamtliche Tätigkeit oder verbringen ihre freie Zeit mit ausgiebigen Reisen. All das trägt nicht nur zu einer angenehmen Freizeitgestaltung bei, sondern erweitert auch gleichzeitig den Horizont, was mitunter ausschlaggebend für eine erfolgreiche Persönlichkeitsentwicklung ist. Die gute Nachricht an dieser Stelle ist also: Es ist nie zu spät für eine Persönlichkeitsentwicklung und ebenso wenig kann der perfekte Moment dafür verpasst werden.

---

[5] *Jule Specht: Charakterfrage. Wer wir sind und wie wir uns verändern. Rowohlt Verlag, Reinbek, 2018.*

SCHWERPUNKTE FINDEN

Stellen Sie sich vor, Sie sollten eine Mindmap zum Thema Persönlichkeitsentwicklung erstellen. Auf einem großen DIN A3-Papier dürfen Sie alles notieren, verbildlichen, mit Farben kennzeichnen und abgrenzen, was Sie als wichtig für eine Persönlichkeitsentwicklung ansehen. Wie lange würden Sie wohl dafür brauchen? Reichen 15 knappe Minuten und ein einziger Stift oder würden Sie womöglich noch nach einem zweiten DIN A3-Papier fragen, weil die zusammenhängenden Wolken mehr Platz einnehmen, als Ihnen zur Verfügung steht? Konkretisieren Sie Ihre Vorstellung. Wie würde eine Mindmap zu Ihrer individuellen Persönlichkeitsentwicklung aussehen? Wenn Sie Ihre Stärken, Ihre Fähigkeiten und Ihr Können kennen und einschätzen können und offen mit Ihren Schwächen und Fehlern umgehen, woran würden Sie für sich mehr arbeiten wollen? Es gibt keine einschlägige Richtung, keinen einzig richtigen oder falschen Weg.

Es kann nicht nur schwarz oder weiß sein, sondern auch bunt oder grau. Sie können Ihre Fähigkeiten noch weiter ausbauen, weiter an Ihren Stärken arbeiten und sie perfektionieren oder Sie können sich Ihren Schwächen stellen, Sie akzeptieren und dennoch versuchen, sie abzumildern, weniger präsent werden zu lassen, bis sie irgendwann ganz verschwinden. Oder Sie können auf Ihrer Mindmap die Wolken mit Stärken und Schwächen etwas kleiner einzeichnen, um mehr Platz für Ihre Gefühle und Ihren Umgang damit zu lassen. Welche Gefühle begleiten Sie in Ihrem alltäglichen Leben, welche Sorgen und Ängste hindern Sie am Entspannen oder Einschlafen, wie ist Ihre Einstellung gegenüber dem Leben? Gegenüber anderen Menschen, gegenüber sich selbst, gegenüber der Umwelt?

Sie merken selbst, wenn Sie sich wirklich auf Ihre Persönlichkeit konzentrieren, kommen immer andere Facetten zum Vorschein, andere Blickwinkel, andere Auffassungen. Und Sie müssen sich derer bewusst werden, um sich entwickeln zu können. Denn ohne Ziel kann kein Weg erfolgreich zurückgelegt werden. Aber ein Weg kann auch nicht gleichzeitig zu sieben verschiedenen Zielen führen. Lassen Sie das Schwarz oder Weiß hinter sich, trauen Sie sich, bunt zu denken und bunt zu handeln. So können Sie erkennen, was Sie für wichtig ansehen, wo Sie Entwicklungspotenzial sehen und wo Sie ansetzen möchten. Ihre Schwerpunkte können so unterschiedlich sein wie nur möglich, Sie können sich mehrere Ziele setzen, mit verschiedenen Prioritäten. Wenn Sie allgemein ein pessimistischer Typ sind und aus der Spirale der Negativität aussteigen wollen, könnten positive Grundgedanken und eine positive Einstellung das Ziel sein, das Schritt für Schritt in kleinen Etappen umgesetzt und erreicht wird.

Aber auch Lebensfreude zu erlangen ist ein denkbarer Schwerpunkt einer Persönlichkeitsentwicklung. Nach einem Schicksalsschlag oder schweren Zeiten verlieren viele Menschen die Lust am Leben, sie verlieren den Sinn aus den Augen und fokussieren sich auf das Leid und den Schmerz, den sie erfahren haben. Dabei bedeutet Lebensfreude nicht, die Vergangenheit zu vergessen, Schmerzen zu unterdrücken oder zu überspielen oder sich selbst gar etwas vorzumachen. Wahre Freude am Leben akzeptiert Tragödien, lernt aber, im Leben damit umzugehen. Auch der Umgang mit Kritik kann entwickelt werden. Wer kann von sich schon behaupten, gern kritisiert zu werden und dass Kritik ihm nichts ausmacht?

Dabei kann konstruktive Kritik Sie wirklich weiterbringen, neue Türen öffnen und Prozesse erleichtern. Wie aber können Sie selbst lernen, nur noch konstruktive Kritik zu äußern, den Rest für sich zu behalten und im Umkehrschritt die Kritik wirklich anzunehmen, zu überdenken, und gegebenenfalls umzusetzen? Wie können Sie lernen, sich nicht angegriffen zu fühlen, in Ihrer Persönlichkeit verletzt zu sehen und den übertriebenen Gedanken zu entwickeln, dass sowieso jeder gegen Sie ist und Sie es niemandem recht machen können? Solche Gedanken abzuschütteln und loszulassen könnte ebenfalls ein eigener Punkt auf der

Mindmap Ihrer Persönlichkeitsentwicklung werden. Sie sehen, die Möglichkeiten sind unendlich. Horchen Sie in sich hinein, was ist Ihnen wichtig?

Was schätzen Sie an sich und an anderen, welche Eigenschaften und Qualitäten möchten Sie für sich entwickeln, worauf möchten Sie stolz sein? Begeben Sie sich auf die Suche nach einzelnen Schwerpunkten, die Sie anfangs auf Ihrem Weg begleiten. Im Lauf der Zeit können und werden diese Schwerpunkte sich ändern, manche verlieren, andere gewinnen an Priorität, wieder andere werden abgehakt werden können und neue kommen hinzu. Überlegen Sie sich Ziele Ihrer Persönlichkeitsentwicklung, die einigermaßen denselben Weg haben, um realistisch zu bleiben. Denn wenn Sie Ihre persönlichen Schwerpunkte gefunden haben, ist der Großteil der Arbeit erledigt, ab dann geht es nur noch um die Anwendung und die Konsequenz. Wer aber mit solch einem starken Willen sich selbst betrachtet, einschätzt und wertschätzt, wird diesen letzten Schritt problemlos meistern können.

Wie erreiche ich das?

Sich in der Theorie mit der Entwicklung der eigenen Persönlichkeit zu beschäftigen, ist ein sinnvoller erster Baustein. Aber leider reicht es nicht aus, um von heute auf morgen als neuer Mensch aufzuwachen. Nach dem theoretischen Wissen kommt die Praxis. Johann Wolfgang von Goethe war derselben Meinung, als er sagte „Es ist nicht genug, zu wissen, man muß auch anwenden; es ist nicht genug zu wollen, man muß auch tun."[6] Nachdem Sie also den theoretischen Teil erfolgreich abgearbeitet haben, wartet nun die Praxis, in der Sie selbst aktiv werden können und müssen. Im Vorfeld sollte an dieser Stelle angemerkt werden, dass es in keiner Weise darum geht, eine Checkliste mit allen aufgeführten Methoden und Techniken zu führen, bei der die Punkte nach einmaliger Ausführung abgehakt und beiseitegelegt werden.

Vielmehr handelt es sich um Anregungen, Tipps für das alltägliche Leben und allgemeingültige Vorschläge, die Sie individuell auf Ihr Leben zuschneiden können. Es wird Sie auch sicherlich nicht jeder Punkt in gleichem Maße ansprechen. Legen Sie deshalb Ihr Augenmerk auf die für Sie zutreffenden Angebote, führen Sie diese gegebenenfalls noch weiter aus, geben Sie ihnen Ihre persönliche Note. Denn es geht um Ihren einzigartigen Weg der Persönlichkeitsentwicklung, der weder vorbildlich noch öffentlich sein muss. Wenn Sie sich mit Ihrem Weg wohlfühlen und

---

[6]Goethe, Maximen und Reflexionen. Aphorismen und Aufzeichnungen. Nach den Handschriften des Goethe- und Schiller-Archivs hg. von Max Hecker, Verlag der Goethe-Gesellschaft, Weimar 1907. Aus: Wilhelm Meisters Wanderjahre, Aus Makariens Archiv

an Ihrer Entwicklung festhalten, werden Sie Ihr Ziel erreichen. Da die Persönlichkeit so breit gefächert ist, gestaltet sich auch ihre Entwicklung äußerst vielfältig und multiplex. Es können diverse Bereiche angesprochen werden, sie können wiederum auch auf unterschiedliche Art und Weise stimuliert werden, je nachdem, was das Ziel ist und wie der persönliche Weg dorthin aussieht. Während sich die ersten Tipps und Hilfestellungen um den allgemeinen Weg der Persönlichkeitsentwicklung drehen, wird im zweiten Teil der Praxis auf spezifischere und konkrete Beispiele und allgemeine Zielsetzungen eingegangen.

Horizont erweitern

Wer nicht lernt, bleibt an derselben Stelle stehen. Wer nicht wächst, bleibt klein. Henry Ford, der amerikanische Gründer des Automobilherstellers Ford, war sich dieser Problematik bereits im frühen 20. Jahrhundert bewusst: „Wer immer tut, was er schon kann, bleibt immer das, was er schon ist."[7] Denn Leben bedeutet Wachsen, sich selbst zu erweitern, zu entwickeln. Dass das Lernen und das Erweitern des eigenen Horizontes im Menschen fest verankert ist, wird vor allem an Kindern deutlich. Mit welcher Neugierde und Faszination sie die Natur erkunden, Dinge betrachten und förmlich in sich aufsaugen, unzählige Fragen stellen, auf die ein Erwachsener vermutlich nicht einmal kommen würde, ist der erstaunliche Beweis für den Wunsch nach Lebensfähigkeit, nach Wachstum und nach Verstehen. Ohne große Mühe und ohne viele Hilfsmittel sind Kinder in der Lage, ihre Fähigkeiten zu trainieren, sie auszubauen und zu optimieren, Erfahrungen zu machen und diese einfach zu akzeptieren.

Die Hoffnung und das Wissen, beim nächsten Versuch erfolgreicher zu sein, lässt bei Kindern jede Angst des Versagens verschwinden. Und dieser kindliche Optimismus und das große Selbstvertrauen in die eigenen Fähigkeiten sind beneidenswert. Denn sie garantieren die erfolgreiche Entwicklung, sorgen für ausgiebige Lebensfreude und Spaß an neuen Herausforderungen. Um sich selbst auch erfolgreich zu entwickeln, Freude am Leben und Aufgaben mit Zuversicht anzunehmen und umzusetzen, können Sie Ihren Horizont erweitern.

---

[7] Monika Mörtenhummer (Hrsg.): *Zitate im Management*, Linde Verlag Wien GmbH, 2009, S. 163

Sie erfahren ein Stück mehr zu Ihrer Persönlichkeit, nehmen diese bewusster wahr und übertragen Ihre Erfahrungen auch in Ihre Umwelt und Ihren Alltag. Sich weiterzuentwickeln bedarf keiner großartigen Kurse oder Seminare, Ihr Alltag bietet Ihnen bereits genug Möglichkeiten, neue Schritte zu gehen, Sie müssen sie lediglich erkennen. Konkret bieten Ihnen zum Beispiel das Lesen, Tagebuch führen und auch das Erlernen neuer Sprachen diese Möglichkeiten. Warum das so ist und wie Sie es am besten in Ihr Leben integrieren können, erfahren Sie auf den folgenden Seiten. Versteifen Sie sich jedoch nicht auf diese drei Beispiele, verfolgen Sie Ihre eigenen Interessen und achten Sie auf Ihre Vorlieben.

LESEN

Da Sie gerade dieses Buch lesen, kann davon ausgegangen werden, dass Sie sich für Literatur interessieren. Lesen Sie regelmäßig? Welche Genres bevorzugen Sie: Sachbücher, Ratgeber, Belletristik, Comics? Und nehmen Sie den Zustand der Entspannung, in den Sie während des Lesens automatisch verfallen, bewusst wahr? Denn in dieser Zeit wird der Bewusstseinszustand verändert, es handelt sich nicht lediglich um Ablenkung oder Berieselung. Aber die Tatsache, dass Lesen aktiv zur Entspannung und Entschleunigung des Alltags beiträgt, ist nicht die einzige, die Ihnen bei der Entwicklung Ihrer Persönlichkeit weiterhelfen kann. Es trainiert auch die zwischenmenschlichen und kommunikativen Fähigkeiten. Im Gehirn sind bestimmte Areale für die menschliche Kommunikation und die Empathie zuständig.

2013 konnten Forscher beweisen, dass diese Bereiche bis zu fünf Tage nach dem Lesen besonders aktiv sind. So werden also nicht nur Wortschatz und Grammatik durch das Lesen geübt, sondern auch die Empathie angeregt. Die Gefühle und Gedanken anderer Menschen können besser wahrgenommen werden, eine lesende Person ist besser in der Lage, sich in ihre Mitmenschen hineinzuversetzen und angemessen zu reagieren.

Dadurch steigt zudem die Qualität von zwischenmenschlichen Beziehungen, die maßgebend ist für ein zufriedenes und erfolgreiches Leben. Denn nur, wenn die Perspektiven anderer Menschen erkannt und verstanden werden, kann darauf angemessen reagiert werden. So können manche Konflikte schneller gelöst werden oder gar nicht erst entstehen

Gleichzeitig wirkt vor allem das Lesen von Belletristik wie eine Simulation der Wirklichkeit. Das Leben eines fiktiven Menschen rückt in den Vordergrund. Unbewusst trainiert das Gehirn so sogar den Umgang mit Ungewissheit und Widersprüchen und mit Problemen im Allgemeinen. Die Kreativität wird gefördert, weil Bücher viel komplexer und vielschichtiger sind als beispielsweise Filme. Und das Lesen hat nicht nur kurzfristige positive Auswirkungen auf die Persönlichkeit und ihre Entwicklung. Auch langfristig kann es das Risiko, an Krankheiten wie Alzheimer zu leiden, deutlich verringern. Grund dafür ist das mentale Training, das vor allem durch Lesen stattfindet, das das Gehirn auffordert, neue Gehirnzellen zu bilden und für ein gut ausgebautes Netz von Gehirnzellen untereinander sorgt.[8] Wenn das Lesen also den eigenen Horizont so selbstverständlich erweitert und sich dermaßen positiv auf die Gegenwart und auch auf die Zukunft eines Menschen auswirkt, sprechen nicht viele Gründe gegen diese Freizeitbeschäftigung. Und auch die Frage nach dem „Was" kann rasch geklärt werden. Denn um den Horizont zu erweitern und entweder auf fachlicher oder auf sozialer Weise die Ressourcen des Lesens auszuschöpfen, kommt es nicht darauf an, welche Bücher Sie im Detail lesen.

---

[8] Robert S. Wilson, Patricia A. Boyle, Lei Yu, et. al.: *Life-span cognitive activity, neuropathologic burden, and cognitive aging.* Neurology, Juli 2013.

Ob es sich um Sachbücher oder um klassische Belletristik handelt, spielt kaum eine Rolle. Belletristik fördert die sozialen Kompetenzen noch mehr als Sachbücher, vermittelt in der Regel aber etwas weniger fachliches Wissen. Auch die Genres der Literatur spielen keine Rolle, ob es sich um Liebesromane, Science-Fiction, Fantasy, Krimi oder Thriller handelt, wählen Sie Ihre Literatur ganz nach Ihren Vorlieben aus. Ein Buchtipp, falls Sie auf der Suche nach einer belletristischen Erzählung gepaart mit der Persönlichkeitsentwicklung und dem Sinn des Lebens sind, ist die Buchreihe „Das Café am Rande der Welt" des amerikanischen Beststellerautors John P. Strelecky. Während seiner Arbeit als Strategieberater für Firmen kamen in ihm Gedanken auf, dass das Leben mehr Sinn beinhalten sollte als zwölf Stunden lange Arbeitstage im Büro. Nach einer Weltreise mit seiner Ehefrau schrieb Strelecky innerhalb weniger Wochen den Beststeller *The Why Are You Here Café* (‚Das Café am Rande der Welt'). Das Buch regt den Leser dazu an, sich selbst Fragen zu stellen und den eigenen Sinn des Lebens zu finden, um ein glückliches Leben zu führen. 2015 hat er sich erneut mit dem Protagonisten seines Erstlingswerkes auseinandergesetzt und die Fortsetzung „Wiedersehen im Café am Rande der Welt" geschrieben, in der der Protagonist nun als Mentor sein Wissen weitergibt.

Weitere vier Jahre später, im August 2019, konnte Strelecky mit dem Titel „Auszeit im Café am Rande der Welt" noch eine Weiterführung des in 30 Sprachen übersetzten Werks „Das Café am Rande der Welt" veröffentlichen, in dem sein Protagonist nun am eigenen Leib die Midlife-Crisis erfährt. Nachhaltig verändert von seinen Begegnungen im Café am Rande der Welt, setzt er sich mit seinem neuen Mentor gemeinsam mit seiner alternden Persönlichkeit auseinander und erschließt sich neue Ziele. In anderen Büchern widmet er sich ähnlichen Themen und schreibt vor allem über individuelle Lebensziele und die bewusste Wahrnehmung von bedeutenden Erlebnissen im Leben. Falls Sie sich für die Mischung aus einem kurzen Roman und Sachliteratur interessieren, sind Streleckys Bücher in jeder Buchhandlung sowie in gut sortierten Büchereien vertreten. Falls Ihre Interessenschwerpunkte woanders liegen, gehen Sie selbst auf Entdeckungsreise in der Vielfalt der Literatur und lesen Sie noch heute die ersten zehn Seiten Ihres neuen Buches.

Egal, für welches Buch Sie sich am Ende entschieden haben, auf welcher Sprache lesen Sie es? Stehen in Ihrer persönlichen kleinen Bibliothek ausnahmslos Bücher in Ihrer Muttersprache oder findet sich auch das eine oder andere fremdsprachige Werk darunter? Falls ja, gönnen Sie sich ruhig noch mehr Bücher aus anderen Sprachen. Falls nein, sollten Sie ein einfaches Buch auf einer Fremdsprache anfangen. Sie werden merken, dass es Ihnen guttut, das Gehirn auf verschiedene Art und Weisen gleichzeitig zu fördern. Besonders gut eignen sich für den Start Kinder- oder Jugendbücher, zu denen vom sprachlichen Stil her gesehen zum Beispiel auch die bekannten Bücher von Harry Potter zählen. Denn das Erlernen und Vertiefen von Sprachen verfügt über eine immense Wirkung auf Ihre Persönlichkeit.

NEUE SPRACHE LERNEN

Es gibt Menschen, die sprechen ohne große Mühe fünf oder sechs verschiedene Sprachen fließend. Und es gibt Menschen, die tun sich schwer mit dem sicheren Beherrschen einer Fremdsprache. Dabei lohnt es sich für jeden, egal, ob jung oder alt, männlich oder weiblich, eine neue Sprache zu lernen, ob es sich dabei nun um die zweite oder die sechste handelt, spielt keine Rolle. Dass durch den Erwerb das Gehirn trainiert und angesprochen wird, ist ein positiver Nebeneffekt, in Bezug auf Ihre Persönlichkeitsentwicklung aber eher zweitrangig. Denn mit jeder Sprache, die Sie sprechen, erweitern Sie Ihr persönliches Weltbild. Sie erfahren neue Erkenntnisse über sich selbst und über Ihre Umwelt und Sie nehmen ein Stück der Fremdsprache in sich auf. Die Muttersprache wird in einem familiären und daher emotionalen Umfeld erlernt und ist deshalb eng mit der individuellen Emotionswelt verknüpft.

In Fremdsprachen drücken sich Personen oft etwas distanzierter aus, da diese Verknüpfung mit den Emotionen bei Weitem nicht so ausgeprägt ist wie in der Muttersprache. Und gleichzeitig mit dem entsprechenden Vokabular und den Grammatikregeln einer Sprache wird zudem auch die Kultur und die Gesellschaft des fremden Landes studiert und erlernt. Je intensiver die Sprache erlernt wird, desto größere Unterschiede zwischen persönlichem Verhalten aus der Mutter- oder der Fremdsprache werden festgestellt. Zu diesem Ergebnis kam unter anderem eine Studie deutscher Wissenschaftler, die an zweisprachige Menschen denselben Fragebogen mit Fragen über die *Big Five* gestellt haben, einmal auf ihrer Muttersprache und einmal auf der Fremdsprache.

Überraschenderweise waren die Antworten der Fragebögen nicht dieselben, je nach Sprache gab es erhebliche Unterschiede. So wurden auf Deutsch höhere Ergebnisse im Bereich der Verträglichkeit erzielt als auf Spanisch, auf Spanisch hingegen haben sich die Probanden als wesentlich extravertierter angesehen als auf Deutsch.[9] Das spiegelt die kulturellen Normen und den gesellschaftlichen Rahmen wider, der also gemeinsam mit den Sprachkenntnissen erworben wird. So können Menschen durch und auf einer anderen Sprache also ihren eigenen kulturellen und persönlichen Horizont erweitern und neue Verhaltensweisen an sich selbst wahrnehmen. Und auch, wenn eine Fremdsprache in einem weniger intensiven Rahmen erlernt wird und die kulturellen Gegebenheiten zwar im Lehrbuch kennengelernt werden, jedoch keine persönlichen Erfahrungen damit gemacht werden können, wirkt sich die Sprache auf die Persönlichkeit aus.

---

[9] G. Marina Veltkamp, Guillermo Recio, Arthur M. Jacobs, et. al.: *Is personality modulated by language?* Sage journals, 2012.

Denn in der Muttersprache hängt ein Mensch in seinen Verhaltens- und Denkmustern fest, sie zu durchbrechen ist mit viel Aufwand verbunden. Der Mensch selbst und auch seine Mitmenschen erwarten stets dasselbe Verhalten und sie drängen es ihm teilweise durch diese Erwartungen auch auf. Spricht der Mensch auf einer anderen Sprache, kann er sich leichter von all diesen Erwartungen befreien und sich auch leichter von seinen Verhaltensmustern trennen.

Er fühlt sich freier in seinen Handlungen und in seiner Entscheidungsfreiheit, die Offenheit für neue Erfahrungen und neue Gewohnheiten steigt.[10] So ändern viele mehrsprachige Menschen nicht nur das Vokabular und die Grammatik, sobald sie auf einer anderen Sprache sprechen, sondern sie ändern unbewusst auch ihre Stimmlage, ihre Lautstärke und oft auch die körperliche Expressivität, strahlen je nach Zielsprache also mehr oder weniger Selbstbewusstsein und Haltung aus. Je umfassender und eindringlicher der Fremdsprachenerwerb abläuft, desto schneller und größer werden auch die neuen Persönlichkeitsfacetten auftreten. Das reine Lernen von Theorie bewirkt also weitaus weniger persönliche Entwicklung als eine Sprachreise, ein Aufenthalt im Zielland oder der aktive Austausch mit Muttersprachlern.

Wenn Sie sich selbst einen Mehrwert für die Arbeitswelt schaffen wollen, den nächsten Urlaub gebucht haben oder Ihren Kindern ein gutes Vorbild sein wollen, lernen Sie aktiv eine neue Sprache. Informieren Sie sich über die kulturellen Hintergründe, erfahren Sie Details über die gesellschaftlichen Gegebenheiten und fordern Sie sich auf, im realen Leben mit der Fremdsprache in Kontakt zu kommen. Wenn ein

---

[10]Rosemary Wilson: *Another language is another soul*. Language and intercultural communication, 2013, S. 298-309.

mehrmonatiger Auslandsaufenthalt aufgrund persönlicher Umstände unmöglich ist, so helfen im modernen Zeitalter fremdsprachige Filme, das Abonnement einer ausländischen Zeitung, eine klassische Brieffreundschaft mit einem Muttersprachler oder Online-Foren mit Gleichgesinnten. Trainieren Sie Ihr Gehirn, erweitern Sie Ihr Wissen, erlauben Sie sich neue Erfahrungen mit der Welt und mit Ihrer Persönlichkeit.

TAGEBUCH FÜHREN

Wenn Sie sich ein Tagebuch vorstellen, sehen Sie dann ein rosa eingeschlagenes Buch mit Vorhängeschloss, in dem wichtige oder unwichtige Details über einen Schulschwarm und der Streit mit den Eltern verewigt sind oder haben Sie in letzter Zeit mal ein modernes Tagebuch für Erwachsene in einer Buchhandlung oder einem Schreibwarengeschäft angesehen und waren erstaunt über die Qualität, das schlichte, unauffällige Design, das alles in seinem Inneren verbergen könnte? Denn von dieser Art Tagebücher gibt es heutzutage unzählige Varianten, aus edlem Leder, verziert mit dezentem Muster, klassisch einfarbig oder bunt. Grund für den großen Markt an hübschen Tagebüchern ist die Erkenntnis, dass sich nicht nur pubertierende Teenager ihre Probleme von der Seele schreiben dürfen, sondern dass es einem Erwachsenen, der Erfolg hat und mit beiden Beinen im Leben steht, ebenso helfen kann, mit Schwierigkeiten umzugehen und sich persönlich zu entwickeln. Vielleicht fragen Sie sich nun, warum ausgerechnet Sie anfangen sollten, ein Tagebuch zu führen?

Die Beweggründe dafür sind aussagekräftig. Ihre Erinnerungen an besondere Augenblicke werden sich mit der Zeit ändern, manche Details werden unbewusst neu modelliert oder hervorgehoben. Wenn sie niedergeschrieben wurden, können die Erinnerungen wahrheitsgetreu nachempfunden und die Situation beliebig oft nachgespürt werden. Außerdem fungiert ein Tagebuch wie eine Art Selbsttherapie. Wenn Sorgen, Ängste, Wünsche und Gefühle festgehalten werden, können Sie sie reflektieren. Sie können sich von Ihren Gedanken distanzieren und sich so sogar selbst erkennen. Denn durch Schreiben ordnen Sie Ihre Gefühle, das Lesen ermöglicht den nötigen Abstand und die Reflexion. Die Zeilen, die Sie in Ihrem Tagebuch verfassen, sind ein Spiegel Ihrer Gedankenwelt, die Sie nun von einer neuen Seite betrachten können. Dadurch, und auch durch die Möglichkeit, Ihre Entwicklung bewusst wahrzunehmen und immer nachlesen zu können, stärken Sie automatisch Ihr Selbstbewusstsein und Ihr Vertrauen in sich selbst.

Wenn Sie neben negativen Ereignissen und Problemen auch die positiven Aspekte des Alltags notieren, können Sie lernen, sich auf diese schönen Momente zu konzentrieren. Das Negative verliert an Bedeutung und Ihre Grundhaltung verändert sich zum Positiven, ohne dass Sie direkt daran arbeiten müssen. Und ganz nebenbei haben vermutlich auch Sie schon einmal festgestellt, dass es manchmal einfach guttut, sich den Frust von der Seele zu reden (oder zu schreiben) und all die Wut auszulagern. Als Ventil Ihrer Stimmung ist das Tagebuch jederzeit für Sie da und wartet nur darauf, beschrieben zu werden. Aber da bekanntlich aller Anfang schwer ist, können Sie sich mit ein paar Tipps im Vorfeld den beschwerlichen Start selbst vereinfachen. Überlegen Sie sich, ob Sie ein klassisches Tagebuch zum handschriftlichen Niederschreiben bevorzugen oder sich online verewigen wollen? Online stehen Ihnen sowohl zahlreiche Apps sowie Schreibtools wie Microsoft Office, LibreOffice oder OpenOffice zur Verfügung. Um Online-Tools im Internet sollten Sie sicherheitshalber einen großen Bogen machen, da der Datenschutz im Internet oftmals die kleine, aber immense Sicherheitslücke einiger Anbieter darstellt.

Wenn Sie also auf jeden Fall sichergehen möchten, dass Ihre Gedanken auch nur von Ihnen gelesen werden können, sollten Sie Offline-Tools oder das klassische, handfeste Buch benutzen. Anschließend sollten Sie sich Gedanken machen, zu welcher Uhrzeit Sie die kleine Tagebuch-Auszeit am besten einrichten können. Fällt es Ihnen morgens nach dem

Aufstehen leichter, den gestrigen Tag festzuhalten oder wollen Sie vor dem Schlafen Ihre Gedanken aufschreiben, um sie nicht mit in die Traumwelt zu nehmen? Wenn Sie zwar von den Vorteilen eines Tagebuchs profitieren, aber so wenig Zeit wie möglich investieren wollen, sind Stichwortlisten unumstößlich. Alles Wichtige wird festgehalten, Gedanken können sortiert werden und trotzdem sparen Sie sich unnötige Präpositionen, Zeitformen von Verben oder Satzzeichen.

Besonders bei Tagebucheinträgen in Stichworten sollten Sie Ihren Perfektionismus jedoch im Vorfeld ablegen, da dieser den ehrlichen Gedankenfluss hindert und Spontaneität hemmt. Manche Menschen tun sich vor allem anfangs schwer, ehrliche Tagebucheinträge zu verfassen. Hier kann entweder eine direkte Anrede oder ein schematischer Fragenkatalog helfen.

Bei der Anrede geben Sie Ihrem Tagebuch einfach einen Namen und tun so, als würden Sie diesem Namen einen Brief schreiben. So wirkt der Eintrag auf Ihr Gehirn nicht so abstrakt. Wenn Sie unsicher sind, was Sie aufschreiben können, stellen Sie sich ein paar Fragen. Diese könnten lauten: Was habe ich heute gut oder weniger gut gemacht? Worauf bin ich heute stolz? Gab es heute eine Situation, die ich anders hätte machen wollen? Wie geht es mir? Hatte ich heute Erfolge? Auch Bilder oder Metaphern können helfen, dass Niedergeschriebene zu visualisieren und somit auf eine neue Ebene zu bringen. Auch das einfache Einkleben von Tickets oder anderen Belegen kann sowohl Zeit sparen als auch an besondere Momente erinnern. Also legen Sie das Bild des Teenager-Tagebuchs ab und lassen Sie sich überraschen, wie leicht es Ihnen fallen wird, Ihre persönlichen Memoiren festzuhalten.

Ziele setzen

Woher wollen Sie wissen, ob die Persönlichkeitsentwicklung erfolgreich und produktiv verläuft, wenn sie nicht gemessen werden kann? Eine Entwicklung zu starten, ohne sich ausgiebig mit den eigenen Zielen und Plänen zu beschäftigen, ist wie eine Tour mit einem Ruderboot nur ohne Ruder.

Nicht nur die Richtung, in die das Boot fährt, ist ungewiss, auch der Ort, an dem man ankommt, ist ungewiss. Wer jetzt vielleicht aufstöhnen mag, dass aber der Weg das Ziel ist und sich Ziele mit der Zeit auch ändern können, der liegt vollkommen richtig. Wenn Sie sich selbst Ziele setzen, sind diese zu keinem Zeitpunkt unveränderbar, Sie können sie immer an Ihre aktuelle Lebenssituation anpassen, Sie abschwächen, ihre Wichtigkeit regulieren oder sie mit der Zeit als unangebracht ablegen. Aber nur, wer ein Ziel vor Augen hat, kann auch die entsprechende Richtung einschlagen und den passenden Weg bestreiten.

Denn das durchaus positive an Zielen ist, dass sie wie eine Art Motivator arbeiten, sie motivieren zum Handeln, Loslaufen und sie geben eine Orientierung. Vor allem zu Anfang der Persönlichkeitsentwicklung ist es daher sinnvoll, seine Pläne, Wünsche und Ziele zeitlich ein wenig zu trennen. Während große Ziele, die das ganze Leben bestimmen, viel Zeit und auch Arbeit benötigen, langfristig aber den für Sie richtigen Weg aufweisen können, helfen kleine Ziele im Alltag dabei, sich jeden Tag weiterzuentwickeln. Wie könnte also eine grobe Aufteilung von Bestrebungen aussehen?

LEBENSZIELE

Wenn Sie sich vorstellen, Sie sitzen in einigen Jahrzehnten als weiser Mensch mit grau-weißem Haar in Ihrem Schaukelstuhl auf der Terrasse und blicken zufrieden auf Ihr Leben zurück – woran denken Sie? Was sehen Sie vor sich, wenn Sie sich ausmalen, wie Sie in einigen Jahren mit einem guten Freund durch den Park schlendern und in alten Zeiten schwelgen? Denn in solchen Situationen wird dem Menschen bewusst, was ihm am Herzen liegt, wofür er sich interessiert und wo er seine persönlichen Schwerpunkte setzt. Lebensziele, die Sie am Ende des Lebens erreicht haben möchten, können genauso unterschiedlich und vielfältig sein wie die unzähligen Persönlichkeiten.

Es gibt keine richtige oder falsche Antwort und ein Lebensziel ist auch kein fixer Zustand, an dem in Zukunft nie wieder etwas geändert werden kann. So, wie sich die Persönlichkeit entwickelt, entwickeln sich auch ihre Pläne gleichermaßen. Während ein junger Berufsanfänger als Lebensziel vielleicht ein volles Rentenkonto und finanzielle Sicherheit als Lebensziel festlegt, so können ihn manche Ereignisse so prägen, dass dieses Ziel zweitrangig wird und die Freude am ausgeübten Beruf viel mehr an Bedeutung gewinnt. Solch ein Lebensziel, das Sie sich setzen, kann etwas Materielles sein, muss es aber nicht.

Viele Männer träumen sicherlich von einem Oldtimer, mit dem sie die Freiheiten am Wochenende genießen. Andere wiederum finden in einem regelmäßigen Familienkaffeetrinken am Sonntagnachmittag ihr Glück und noch andere entfalten sich gänzlich beim Sport. Und genauso vielseitig, wie diese Vorlieben und Vorstellungen sind, gestalten sich auch die Lebensziele. Während das Ziel des Oldtimerliebhabers vermutlich ein eigener Oldtimer ist, träumt und arbeitet der Sportler an seiner sportlichen Karriere, um Zufriedenheit und Glück zu erfahren.

Und wem die Familie besonders wichtig ist, der wird sich dafür einsetzen, dass sich alle Familienmitglieder so ausgesprochen willkommen fühlen in der Runde, dass die regelmäßigen Treffen wie eine Art Auszeit für jedermann sind. Und auch die Kombination aus verschiedenen Lebenszielen ist denkbar. Ein Mensch kann für sich nur ein einziges Lebensziel benennen oder aber mehrere. Teile davon können und werden sich im Laufe der Zeit verändern, andere bleiben bestehen. Aber nur, wer sich mit seinem Lebensziel auseinandersetzt, sich darüber Gedanken macht, was er am Ende erreicht haben möchte und wo er sich sieht, kann den entsprechenden Weg auch einschlagen. Hilfreich ist es hier vor allem, sich die Lebensziele zu verbildlichen und sie in den Alltag zu integrieren. Das kann mithilfe von einfachen Klebezetteln am Kühlschrank geschehen oder mit eingerahmten Bildern von inspirierenden Momenten, mit materiellen Dingen oder auch mit berühmten Zitaten, die den Kerngedanken widerspiegeln. Ihre Kreativität ist gefragt, Ihren individuellen Lebenszielen auf den Grund zu gehen und diese so anschaulich darzustellen, dass es Ihnen Freude bereitet, daran zu arbeiten.

GROßE ZIELE

Wer kennt sie nicht, die klassische und typische Frage aus einem Vorstellungsgespräch: Wo sehen Sie sich in fünf Jahren? Warum fragen Personaler oder Geschäftsführer so eine Frage eigentlich? Was erhoffen Sie sich von der Antwort? Ein Mensch, der daran arbeitet, sich weiterzuentwickeln, hat in den meisten Fällen wohl eine Antwort auf die Frage. Im genannten Beispiel des Vorstellungsgespräches hat diese angestrebte Entwicklung dann auch positive Auswirkungen auf den beruflichen Erfolg. Aber sie wirkt sich nicht nur auf den Beruf aus, sondern auf alle Lebensbereiche, die Ihnen wichtig sind. Daher dürfen Sie sich an dieser Stelle die Frage stellen: Wo sehen Sie sich selbst in fünf Jahren oder in zehn Jahren?

Gibt es eine sogenannte Bucketlist, eine Niederschrift verschiedener Dinge und Aktionen, die Sie bis zu einem bestimmten Zeitpunkt erreicht haben möchten? Solche großen Ziele, die oft auch eine jahrelange Vorbereitung benötigen, bedeuten oft auch gleichzeitig eine eigene kleine Entwicklung. Wer zum Beispiel plant, in den nächsten Jahren den Jakobsweg zu pilgern, der weiß sicherlich aus Erfahrungsberichten anderer Pilger bereits im Vorfeld, dass eine Entwicklung der Persönlichkeit oft während des Pilgerns abläuft, während man mit sich selbst und dem

Weg beschäftigt ist. Ein Handwerker, der sich vorgenommen hat, sich in ein paar Jahren zum Meister oder zum Techniker weiterzubilden, ist sich der Horizonterweiterung durch das notwendige Lernen bewusst. Und auch eine junge Mutter, deren Kind demnächst eingeschult wird, kann das große Ziel verfolgen, ihr Kind bestmöglich im Schulalltag zu unterstützen und es zu einem selbstsicheren und liebevollen Menschen heranzuziehen.

So unterschiedlich die Situationen der Menschen sind, so unterschiedlich können auch ihre großen Ziele sein. Und nicht nur das Nachdenken oder das Festlegen solcher Pläne besiegelt die erwünschte Entwicklung bis dorthin, sondern an jedem Tag, an dem das Ziel nicht erreicht wird, ist der Mensch sich dessen trotzdem bewusst. Die Mutter wird nicht erst in der vierten Klasse damit anfangen, das Kind nach dem Schulalltag und den Hausaufgaben zu fragen. Der Handwerker wird seine derzeitige Arbeit sorgfältig ausüben, Tipps und Tricks von qualifizierten Kollegen dankbar annehmen und verinnerlichen; und auch ein Anwärter für den Jakobsweg wird sich bereits im Vorfeld mit seiner Reise auseinandersetzen. Welche Vorteile sollen diese großen Ziele nun also konkret im Zusammenhang mit Ihrer Persönlichkeitsentwicklung bewirken, fragen Sie sich vielleicht. Die Ziele, die Sie sich für Ihr Leben auswählen, sind positiv. Und auch wenn der Weg, bis Sie diese Ziele erreichen oder umsetzen können, noch in der Zukunft liegt, werden Sie Ihr Verhalten so anpassen, dass Sie die gesetzten Ziele leichter erreichen können.

Die positiven Effekte der langfristigen Ziele setzen also nicht erst mit Erreichen dieser, sondern bereits vorher ein, wenn diese im alltäglichen Verhalten berücksichtigt werden. Ein schöner Anreiz kann auch hier bei der Beständigkeit der Ziele helfen. Wenn Sie von einer Weltreise träumen, dann gestalten Sie sich Ihr individuelles Sparschwein und schenken Sie Ihrem Wunsch so mehr Aufmerksamkeit. Wenn Sie sich in einigen Jahren Ihr Wunschauto kaufen möchten, können Sie jetzt schon ein Modell davon im Wohnzimmer platzieren, um sich das Ziel vor Augen zu halten, und wenn Sie in den kommenden Jahren planen, eine Familie zu gründen, erleichtert dieser Gedanke Ihnen jetzt bereits eine gesündere Ernährung. Das Sprichwort „Vorfreude ist die schönste Freude" unterstreicht, dass Sie bereits heute anfangen dürfen, sich auf das Erreichen Ihrer langfristigen Ziele zu freuen, denn dann fällt auch der gesamte Weg der Entwicklung dorthin leichter.

KLEINE ZIELE

Persönliche Lebensziele und individuelle große Ziele zu erkennen, ist für die meisten Menschen wahrscheinlich keine besonders schwierige Aufgabe. Sie stellen sich vor, woran sie sich in einigen Jahren erfreuen und haben das gesuchte Ziel rasch gefunden. Aber wie sieht es mit kleinen Zielen aus? Ziele für die kommende Woche, für den folgenden Monat? Die wenigsten Personen können innerhalb einer Woche zu einer mehrwöchigen Reise aufbrechen, sich große und teure Anschaffungen erfüllen oder gar ihre persönliche Entwicklung neu definieren. Was also sollen die kleinen Ziele für Nutzen bringen in der Persönlichkeitsentwicklung?

Je detaillierter und kleiner die Gedanken werden, desto mehr Macht haben sie direkt über die gegenwärtige Gesundheit und das aktuelle Wohlbefinden. Vor allem die Traditionelle Chinesische Medizin (kurz TCM), die bereits seit mehreren tausend Jahren als bewährte und funktionierende Heilmethode in Asien gilt und mittlerweile auch auf den anderen Kontinenten dieser Welt ausgeführt wird, geht nämlich von dem Standpunkt aus, dass jeder Gedanke ein Gefühl oder eine körperliche Reaktion auslöst. Einige davon können wir spüren, andere bleiben im Unterbewusstsein verborgen. Ob auch Sie an diese Theorie glauben, können Sie leicht selbst austesten. Schließen Sie Ihre Augen und stellen Sie sich bildlich vor, wie Sie zu Schulzeiten vor der Klasse ein Referat halten oder eine Klassenarbeit schreiben mussten und nicht optimal vorbereitet waren. Dieser Gedanke löst auch Jahre später bei einigen Menschen noch ein unangenehmes Gefühl in der Magengegend aus, das rational nicht zu erklären ist, da es in keinem Zusammenhang mit aufgenommener Nahrung oder Ähnlichem steht.

Und genau diese Annahme, dass Gedanken die Gefühle und das Wohlbefinden aktiv beeinflussen, können Sie sich an dieser Stelle zunutze machen. Gehen Sie in sich und erforschen Sie mögliche Ziele, die Sie kurzfristig umsetzen können. Wenn ein langfristiger Wunsch Ihrerseits ist, nachhaltiger und sparsamer zu leben, so könnte ein kurzfristiges Ziel lauten, vier Wochen lang keine neue Kleidung einzukaufen. Da Ihr Kleiderschrank wahrscheinlich genug für die kommenden Wochen hergibt, stellt dieses Ziel also nicht einmal einen Verzicht dar. Um auf die TCM und die Gefühle zurückzukommen, könnte so ein gesetztes Ziel dazu führen, dass allein schon der Gedanke an einen Kauf ein Gefühl von Unwohlsein, eigenem Hintergehen oder Schwäche wegen Inkonsequenz auslöst.

Um dieses Gefühl zu umgehen, wird eine solche Situation dementsprechend gemieden und das kurzfristige Ziel erfolgreich erreicht. Weitere Beispiele für kleine Ziele können beispielsweise ein Essensplan sein, der zum einen dazu führt, dass Sie durch gezielte und bewusste Einkäufe Geld sparen und zum anderen verhindert, dass Lebensmittel doch nicht gebraucht und also weggeschmissen werden.

Sobald Sie sich für sich mit diesen kleineren Zielen auseinandersetzen, werden Sie feststellen, dass es sich bei dieser Kategorie meistens um Tätigkeiten und Aktivitäten handelt, die angesprochen werden. Sei es nun der Verzicht des Konsums, regelmäßiger Sport oder der Hausputz, der bis in drei Wochen abgeschlossen sein soll. Diese kleinen Ziele sind Teil Ihrer Persönlichkeitsentwicklung, weil sie Sie dazu auffordern, aktiv etwas zu ändern, etwas aktiv zu beachten, durchzuführen oder wegzulassen. Da der Prozess der Persönlichkeitsentwicklung aber immer aktiv und niemals passiv sein kann, geben die kleinen, kurzfristigen

Ziele Anreize und Anstöße, in einem selbst vorgegebenen Zeitraum die Entwicklung aktiv voranzutreiben. Ob es sich hierbei um einmalige Ziele oder um Regelmäßigkeiten handelt, bleibt ebenso Ihnen überlassen wie die Festsetzung der Ziele.

Was möchten Sie erreichen, wo sehen Sie bei sich Optimierungsbedarf, wie können Sie Ihr Leben noch bewusster erfahren? Wegen der vergleichsweise kurzen Zeitspanne lohnen sich bei kleinen Zielen aufwendig gestaltete Erinnerungsstücke meist nicht. Besser in den Alltag zu integrieren sind beispielsweise laminierte To-do-Listen, die jeden Monat neu beschriftet werden können, oder übersichtliche Eintragungen in Ihrem persönlichen Notizbuch. Hier können Sie genauso kreativ und gestalterisch werden wie bei längerfristigen Projekten, denn einzig und allein Ihr Durchhaltevermögen und Ihre Bedürfnisse sollen angesprochen werden.

ALLTÄGLICHE ZIELE

Kennen Sie die amerikanische Golflegende Tiger Woods? Neben auffallend bodenständigen und ausgezeichneten Auftritten ist er auch für viele Zitate bekannt, die seine Denkweise und seinen starken Willen zeigen. Eines von ihnen lautet im Original „the greatest thing about tomorrow is I will be better than I am today“, übersetzt bedeutet das ‚das Beste an morgen ist, dass ich besser sein werde, als ich es heute bin‘. Haben Sie sich einmal überlegt, wie ein Mensch wie Tiger Woods einen solchen sportlichen Erfolg erreichen und trotzdem so gelassen sein kann? Er hatte seine Ziele vor Augen und er wusste, was zu tun war, um diese zu erreichen. Und jeder einzelne Tag bietet die Chance, sich zu verbessern.

Gemeint sind keine messbaren Werte, keine Vergleiche mit Mitmenschen oder früheren Situationen. Vielmehr birgt jeder Tag die Möglichkeit, sich selbst Ziele zu setzen und diese zu erreichen. Wenn Sie wissen, dass Sie vor Ihrem ersten Kaffee am Morgen unausstehlich sind, dann können Sie diese Eigenschaft erkennen und akzeptieren, aber Sie können trotzdem versuchen, Ihren Mitmenschen ein Lächeln zu schenken, während Sie sich den heiß ersehnten Kaffee in Ihre Tasse einschenken.

Ob Sie nun starr in Ihre Tasse blicken oder ein kleines Lächeln über Ihre Lippen schicken, macht für Sie selbst keinen nennenswerten Unterschied. Aber Ihre Umwelt wird es feststellen, sie wird merken, dass Sie sich bemühen, eine kleine Schwäche abzulegen und sich selbst Tag für Tag zu verbessern. Solche kleinen Ziele, die in den Alltag integriert werden, können ebenfalls materieller oder immaterieller Herkunft sein, sie können sich jeden Tag das Gleiche vornehmen oder sich täglich neue Ziele aussuchen. Wenn Sie spüren, dass Ihr Hund unausgelastet nach der Arbeit auf Sie wartet, können Sie sich beispielsweise das Ziel nehmen, ihn an jedem zweiten Tag nicht nur körperlich zu fördern, sondern durch gezieltes Training seinen Geist zu fordern. An diesem Beispiel erkennen Sie, dass es auch bei der Persönlichkeitsentwicklung nicht immer nur um das eigene Selbst geht.

Für Ihre Entwicklung spielt es womöglich keine Rolle, ob Ihr Hund ausgezeichnet im Mantrailing ist oder bemerkenswert viele Kunststücke vorführen kann. Und trotzdem wird das regelmäßige mentale Training die Beziehung zwischen Ihnen und Ihrem Hund kurz- und langfristig intensivieren, Sie werden Ihrem Hund voller Stolz begegnen und Freude daran finden, mit ihm gemeinsam zu trainieren. Und diese positiven Gefühle, die vielleicht schon im Vorfeld aufkommen, sicherlich aber im Laufe des Trainings in Erscheinung treten, nehmen Sie auch nach der Einheit mit in den wohlverdienten Feierabend. Und um noch einen positiven Nebeneffekt anzumerken, wird auch Ihr Hund ausgeglichener und ruhiger mit mentalem Training. Schauen Sie sich Ihren Alltag an. Woraus besteht er, welche Tätigkeiten füllen ihn aus und wo sind Sie bereit, ihn zu optimieren?

Sie können wahrscheinlich viele verschiedene alltägliche Ziele finden, vom abendlichen Fegen über das ordentliche Einsortieren gewaschener Wäsche in den Kleiderschrank bis hin zu morgendlicher Mediation. Ihrer Fantasie sind keine Grenzen gesetzt, es gibt keine richtigen oder falschen Ziele. Bedenken Sie, dass Sie sich an diesen Zielen entlang hangeln können, Struktur, Ordnung und positive Gefühle in Ihren Alltag bringen können und Sie öffnen sich heute für die neuen Möglichkeiten, die in greifbarer Nähe sind.

Bewusst(er)leben

Wie lesen Sie den Titel dieses Kapitels? Bewusst leben, bewusster leben, bewusst erleben? Welcher Titel passt zu Ihrer Lebenssituation am besten? Auf dem Weg der Persönlichkeitsentwicklung spielt Ihr Bewusstsein eine große Rolle. Denn alles, was Ihnen bewusst ist, können Sie auch frei steuern. Das Unterbewusste und das Unbewusste sind nur äußerst schwierig zu entwickeln und zu optimieren.[11] Wie aber können Sie Ihren Alltag bewusst(er) gestalten und daraus gleichzeitig auch noch Profit schlagen? Wie können Sie sich an Ihrem Bewusstsein bedienen, um Ihre Persönlichkeit zu entwickeln? Es gibt verschiedene Ansätze, die Sie verfolgen können. Die allgemeine Achtsamkeit, die positive Psychologie und auch Ihre eigene Fehlerkultur können Sie bewusst steuern und anpassen. Denn diese drei Bausteine bilden einige der Grundsteine, die ein solides Fundament für Ihre erfolgreiche Persönlichkeitsentwicklung darstellen.

ACHTSAMKEIT

Unsere heutige Welt ist oftmals geprägt von Stress und Hektik. Diese Faktoren lösen häufig angespannte und gereizte Situationen aus, die wiederum vom Menschen aufgenommen und nicht selten auch an Mitmenschen weitergegeben werden. Diesen Kreislauf von Belastung zu durchbrechen, fällt oft leider nicht leicht, ist aber unumgänglich für eine ausgeglichene Persönlichkeit. Abhilfe leisten kann in vielen Fällen die Achtsamkeit. Mit ihr kann der Stress reduziert werden und der Mensch

[11] Gerd Wenninger (Hrsg.): *Lexikon der Psychologie.* Spektrum Akademische Verlag GmbH, Heidelberg, 2001.

wird offener für sich selbst und für die eigene Entwicklung. Aber was genau ist eigentlich Achtsamkeit? Überlegungen und Gedanken, zu denen auch Gefühle wie Angst, Freude, Trauer, Hass oder Euphorie gezählt werden, haben ihre Daseinsberechtigung im Bewusstsein. Sie werden bewusst wahrgenommen, mit gleichmütiger Offenheit begrüßt und akzeptiert. Achtsamkeit kann sich nur in der momentanen Gegenwart abspielen; das Hier und Jetzt zählt und vor allem zählt es ohne jegliche Form der Bewertung. Denn genau diese ständige Bewertung führt in der Regel zu gedanklichem Stress, zu Ängsten und Unwohlsein. Wer als Kind oft hören musste, dass Indianer keinen Schmerz kennen und nur Mädchen weinen, bei dem werden im Erwachsenenalter wahrscheinlich Schmerzen und Trauer negative Reaktionsmuster auslösen, da diese Gefühle bislang als unerwünscht und unangemessen bezeichnet wurden. Wer lernt, jegliche Emotionen als solche wahrzunehmen und zu akzeptieren, hat keine negativen Muster mehr nötig.

Ohne die Bewertung wird der Blick auf verschiedene Dinge erweitert und das Loslösen einzelner Themen erleichtert. Jeder Mensch kann achtsam handeln, die Momente bewusst und umfassend erleben und im besten Fall genießen. Durch die Achtsamkeit entsteht eine Distanz zwischen den Problemen und der persönlichen Auffassung, es wird im Kopf eine Art innerer Beobachter erschaffen, der negative Gefühle wie Wut oder Panik oftmals durch den kreierten Abstand abschwächen kann. Wenn sich im Laufe der Zeit eine beruhigende Offenheit dem ganzen Leben gegenüber stabilisiert hat, öffnet und verbreitet auch der individuelle Geist sich automatisch, und die Persönlichkeitsentwicklung betritt eine neue Stufe. Denn Offenheit und Ruhe sind fundamentale Faktoren, die die Entwicklung der Persönlichkeit nachhaltig beeinflussen und erleichtern können. Sicherlich fragen Sie sich jetzt, wie Sie Achtsamkeit lernen können, wie Sie für Ihr Leben davon Gebrauch machen und sie anwenden können. Wie können Sie Ihre volle Aufmerksamkeit auf die

Gegenwart lenken und wertungsfrei die Vergangenheit und die Zukunft außen vor lassen?

Achtsamkeit zu lernen und in den Alltag zu integrieren, ist ein langwieriger Prozess. Es wird nicht jedem gleich leichtfallen oder gleich schnell gelingen, achtsam in der Gegenwart zu handeln. Aber solange Sie Ihren Rhythmus finden und verfolgen, üben Sie die Achtsamkeit. Es gibt weder konkrete Übungen noch Zeitpunkte, an denen Sie achtsames Verhalten trainieren könnten. In fast jeder alltäglichen Situation wird Ihnen jedoch die Möglichkeit geboten, in Gedanken zu schwelgen oder die Situation wahrzunehmen. Vielleicht verdeutlicht Ihnen ein kleiner Vergleich den Prozess der Achtsamkeit: Stellen Sie sich vor Ihrem inneren Auge einen blauen Himmel mit ein paar Wolken vor. Ihre Gedanken sind die Wolken am Himmel, Sie halten sich weder an ihnen fest, noch pusten Sie zusätzlichen Wind, um die Wolken wegzuschieben. Sie betrachten einfach, wie die Wolken in ihrem eigenen Tempo vorbeiziehen und akzeptieren die Wolken. Statt mit Gedanken die Gefühle festzuhalten oder wegzuschieben, lernen Sie, sie einfach zu betrachten und zu akzeptieren.

Wenn Sie an einem warmen Sommertag im Bus oder in der Bahn sitzen, nehmen Sie die Wärme auf der Haut wahr, lassen Ihre Gedanken jedoch nicht zu negativen Gefühlen wie unaushaltbarer Hitze oder gar Ekel vor Schweiß ausschweifen. Wenn Sie Ihre Hände waschen, spüren Sie aktiv die Temperatur des fließenden Wassers und nehmen Sie den Geruch der Seife wahr, statt sich über den Gestank aufzuregen oder sogar gedanklich das anstehende Meeting vorzubereiten. Und wenn Sie einen Spaziergang durch die Natur machen, nehmen Sie den Geruch und die Konsistenz des Waldbodens auf, lauschen Sie den Geräuschen der Tiere und betrachten Sie die unterschiedlichen Farbspiele der Blätter, anstatt mit Kopfhörern und schnellen Schrittes dem Moment zu entfliehen.

So können Sie Ihr Handeln nachhaltig verändern, achtsamer machen, selbst zur Ruhe kommen und sich den Gedankenflüssen ebenso bewusst aussetzen wie den anderen alltäglichen Situationen. Und mit jedem achtsamen Verhalten wird langfristig auch Ihre individuelle Selbstakzeptanz steigen und sich Ihr Selbstwertgefühl wohlig in Ihrer Mitte ausbreiten.

POSITIVES WAHRNEHMEN

Wenn Sie beginnen, achtsamer zu handeln und Ihren Alltag bewusster zu gestalten, wird sich automatisch auch Ihre Wahrnehmung verändern. Wenn die anfängliche Bewertung unterschiedlicher Dinge ausgeschaltet wird und die Tatsachen an sich betrachtet werden, wird Ihnen wahrscheinlich viel Positives auffallen. Und genau diese Positivität überträgt sich dann im nächsten Schritt auf Ihr eigenes Verhalten und verankert sich mit der Zeit in Ihrer Persönlichkeit. Der Blickwinkel, der bislang vielleicht neutral bis negativ angehaucht war, kann ins Positive verändert werden. Die Bereitschaft für Schönes nimmt zu. Und wenn genau diese Offenheit für das Gute und das Lebenswerte sich in Ihnen manifestiert, ergibt sich ein weiterer Schritt auf dem Weg der Persönlichkeitsentwicklung.

Denn durch das Ablegen der generell negativen Sichtweise werden auch die negativen Gedanken und Gefühle immer weiter abnehmen, Platz für aussichtsreiche Neuerungen wird geschaffen und Neuerungen bringen die gewünschte Entwicklung mit sich. Wer es sich zum Ziel macht, positiver zu leben, und wer dieses Ziel auch wirklich mit Ernsthaftigkeit verfolgt, dem wird es nicht schwerfallen, das Positive zu finden. Um sich langfristig an die Gewichtung des Positiven zu gewöhnen, können Sie heute anfangen, drei positive Aspekte Ihres Tages zu erkennen und schriftlich festhalten. Es obliegt ganz Ihnen, ob Sie sich ein klassisches Notizbuch zulegen, in das Sie von nun an jeden Abend drei schöne Momente des Tages eintragen, ob Sie diese Notizen in einer App auf dem Handy oder dem Tablet verwalten und sogar mit einem Partner teilen können oder ob Sie eine auf Ihre Lebenssituation angepasste Alternative erfinden.

Wenn Sie sich aber jeden Tag konsequent die kurze Zeit einräumen, den Tag Revue passieren zu lassen und sich die drei schönsten Augenblicke herauspicken und aufschreiben, dann wird es Ihnen im Laufe der Zeit immer leichter fallen, nicht mehr nur das Negative zu sehen, sondern den Fokus auf das Positive zu legen. An manchen Tagen fällt dieser Positivismus vielleicht schwieriger, an anderen Tagen müssen Sie sich regelrecht für besonders schöne Momente entscheiden, weil es so viele davon gab. In diese Wahrnehmung vom Positiven in Ihrem Leben wird eine Routine kommen, in einem Jahr, in dem Sie dann 1.095 schöne Momente Ihres alltäglichen Lebens gesammelt haben, steigern Sie die Anzahl der Notizen vielleicht von selbst auf fünf pro Tag, um sich noch weiter zu entwickeln und noch positiver zu werden. Und Sie können in schwierigen Zeiten die Aufschriften durchlesen und sich selbst so mit Ihren individuellen positiven Erinnerungen auseinandersetzen.[12]

Diese Methode, sich das Positive im Leben zugutekommen zu lassen und es als Basis für die weitere Persönlichkeitsentwicklung anzunehmen, ist selbst in der Wissenschaft als wirksam bewiesen worden. Es handelt sich dabei nämlich um die sogenannte positive Psychologie, deren Ziel die Förderung von Stärken und Talenten eines Menschen ist. Negative Eigenschaften sollen bewusst in den Hintergrund gerückt und die Stärken anerkannt und gefördert werden. In Studien konnte mittlerweile gezeigt werden, dass die einfache Methode, den Fokus täglich auf das Gute im Alltag zu legen, langfristig zur persönlichen Zufriedenheit

[12]Vgl. Shawn Achor: The Happiness Advantage: The seven principles of positive psychology that fuel success and performance at work. Ebury Publishing, 2011.

und dem eigenen Wohlbefinden beiträgt.[13] Warten Sie also nicht weiter ab, sich Ihrer Stärken und schönen Momente bewusst zu werden, genießen Sie ab heute jeden Tag die Auswirkungen, die jeder einzelne positive Augenblick auf Sie hat und lassen Sie Ihrer Persönlichkeit den Freiraum, sich von allein weiterzuentwickeln.

FEHLER EINGESTEHEN

Ist Ihnen heute ein Fehler unterlaufen? Oder mussten Sie in den vergangenen Tagen oder Wochen feststellen, dass Sie einen Fehler gemacht haben? Vielleicht denken Sie jetzt gerade ehrlich über die Antwort nach, vielleicht empfinden Sie die Fragen jedoch auch als unangenehm und sinnlos. Aber besonders überraschend dürften solche Fragen und Überlegungen nicht sein, denn Fehler gehören zum Menschsein dazu, jeder Mensch macht Fehler, keiner ist vollkommen fehlerfrei. Und ein Fehler an sich muss auch nicht direkt negativ sein. Eigentlich ist sogar das Gegenteil der Fall, Fehler bringen die Möglichkeit mit sich, zu lernen, sich zu entwickeln, sich zu verbessern und seine Fähigkeiten und sein Wissen zu verfeinern. Halten Sie es für einen Zufall, dass Kinder sich so schnell entwickeln, dass sie wirklich jeden Tag etwas Neues lernen und dabei den Drang nach mehr Wissen nicht verlieren? Kinder assoziieren Fehler nicht mit negativen Auswirkungen. Sie nehmen den Fehler als solchen wahr, nehmen im gleichen Zuge das Richtige auf und versuchen, es zu verinnerlichen. Dabei spielt es keine Rolle, ob jemand bemerkt, dass sie

[13]René Proyer, Fabian Gander, Sara Wellenzohn, et. al.: *Nine beautiful things: A self-administered online positive psychology intervention on the beauty in nature, arts, and behaviors increases happiness and ameliorates depressive symptoms.* Personality and Individual Differences, 94, 2016, S. 189-193.

etwas falsch gemacht haben oder ob sie mehrere Anläufe brauchen, um den Fehler zu korrigieren.

Unermüdlich arbeiten sie an sich und an ihren Fehlern und ebenso unermüdlich optimieren sie ihre Fehler, lernen mehr und verfügen über ein unglaubliches Repertoire an Wissen und Aufrichtigkeit. Nun, Sie könnten jetzt natürlich einwenden, dass ein Erwachsener bereits im Vorfeld über ein umfangreicheres Wissen verfügt als ein Kind und deswegen zwangsläufig langsamer lernt, in gewissen Punkten ist das auch sicherlich korrekt. Aber sind Sie in der Lage, so frei und kindlich mit Ihren Fehlern umzugehen, sie wertungsfrei als Chance anzusehen, sich zu verbessern? Oder ist es Ihnen eher unangenehm, wenn ein Fehler passiert ist, für den Sie verantwortlich sind? Fällt es Ihnen leicht oder schwer, Ihre eigenen Fehler zuzugeben? Wenn es Ihnen schwerfallen sollte, wird vermutlich auch die ehrliche Beantwortung dieser Frage nicht leicht sein. Dabei gibt es viele gute Gründe, warum Sie Ihre eigene Fehlerkultur einmal überdenken und gegebenenfalls überarbeiten sollten. Denn wie Kinder sind auch Erwachsene dazu in der Lage, aus ihren Fehlern umgehend zu lernen, sich zu optimieren und sich basierend darauf weiterzuentwickeln, sowohl mental als auch persönlich. Die Eigenschaft, Fehler im ersten Moment abstreiten zu wollen, kennen wohl die meisten Menschen. Aber wenn Sie selbst für einen Fehler verantwortlich sind, bringt es weder Ihnen noch Ihrem Umfeld langfristige Vorteile, den Fehler abzustreiten und womöglich auf andere abzuwälzen.

Oftmals weisen Menschen, denen es schwerfällt, Fehler zuzugeben, ein geringeres Selbstvertrauen auf. Sie sind der Meinung, aufgrund eines Fehlers selbst fehlerhaft, minderwertig und generell ablehnenswert zu sein. Sie gehen davon aus, dass auch andere Menschen sie wegen des Fehlers ablehnen und für unfähig halten und können deswegen keine Fehler zugeben. Wer aber über ausreichend Selbstvertrauen verfügt, der weiß, dass allein schon das Eingestehen von Fehlern eine eigene Stärke ist, die voller Stolz nach außen getragen werden kann. Denn wer imstande ist, sein Missgeschick zuzugeben, erfährt in der Regel mehr Vertrauen und Anerkennung. Um sich selbst nicht im Weg zu stehen und seine Persönlichkeitsentwicklung optimal auszuschöpfen, ist eine authentische Fehlerkultur also unumgänglich. Damit es Ihnen (noch) leichter fällt, von der negativen Bewertung von Fehlern abzusehen und dazu zu stehen, können Sie die folgenden Tipps beherzigen.

Die Vorstellung, nur fehlerfrei perfekt sein zu können, ist unangebracht. Sie setzt Menschen unter Druck, der Fehler sogar noch häufiger und schneller passieren lässt. Dass Fehler also menschlich und vollkommen normal sind, sollte verinnerlicht werden. Zusätzlich kann es helfen, offener und ehrlicher mit Fehlern umzugehen, wenn sie aufgeklärt werden, sobald Sie sie bemerken, und nicht erst, wenn Sie darauf angesprochen oder sie Ihnen gar nachgewiesen wurden.

So erhalten Sie Ihre Glaubwürdigkeit und zeigen Ehrlichkeit und Stärke. Wer sollte im nächsten Schritt über den Fehler informiert werden? Vielleicht Familienmitglieder, Kollegen, Vorgesetzte, Kunden? Ein ruhiger Moment eignet sich dafür besser als ein flüchtiges Gespräch zwischen Tür und Angel, da Sie – je nach Grad des Fehlers – dennoch mit einer spontanen, unangenehmen Reaktion des Gesprächspartners rechnen müssen. Wenn der Fehler nicht Ihnen selbst aufgefallen ist, sondern Sie darauf angesprochen werden, versuchen Sie, nicht Ihrer ersten Intuition nachzugeben und ihn abzustreiten. Ehrlichkeit ist auch hier angebracht. Bei Ungewissheit oder Misstrauen können Sie sich selbst zudem ein Bild der Fehlerhaftigkeit machen, bevor Sie etwas zugeben oder abstreiten.

In jedem Fall sollte aber der Fokus nicht allzu lange auf dem Fehler an sich bleiben, sondern vielmehr auf die Lösung des Problems gelenkt werden. Sie können Lösungen vorschlagen, wie Sie den Fehler beheben können oder aktiv mit Ihren Mitmenschen gemeinsam an einem Lösungsvorschlag arbeiten. Eine einmalige, aber aufrichtige Entschuldigung ist bei den meisten Fehlern angemessen. Dabei sollten mögliche

Gründe für den Fehler, die als Ausrede, Abschwächung oder Abweisung angesehen werden könnten, vermieden werden. Wenn Sie die Verantwortung übernehmen und Ihren Fehler einfach annehmen, werden Sie mehr Anerkennung und Respekt erhalten, als wenn Sie versuchen, den Fehler kleinzureden. Nach einer aufrichtigen Entschuldigung und ernsthaften Lösungsansätzen sollte der Fehler dann aber vor allem von Ihrer Seite her nicht wieder aufgegriffen werden. Lernen Sie aus dem Fehler, versuchen Sie, ihn nicht noch einmal zu begehen und entwickeln Sie sich weiter.

Denn das gestärkte Selbstbewusstsein, das Respekt und Anerkennung erhalten hat, und der Wille nach Verbesserung und Entwicklung führen automatisch zu Ihrer Persönlichkeitsentwicklung. Diese Entwicklung basiert auf der ehrlichen Arbeit mit den persönlichen Erfahrungen und der individuellen Arbeit an und mit sich selbst. Akzeptieren Sie sich, Ihre Fehler, und nehmen Sie sie an, um sich darauf aufbauend stets weiterzuentwickeln. Und an Tagen, an denen es Ihnen schwerfällt, Ihre Fehler zu akzeptieren, bedenken Sie die Worte des evangelischen Theologen Dietrich Bonhoeffer: „Den größten Fehler, den man im Leben machen kann, ist, immer Angst zu haben, einen Fehler zu machen.“[14]

SELBSTBEWUSSTSEIN STÄRKEN

Wer seine Persönlichkeit weiterentwickeln will, muss über ein starkes Selbstbewusstsein verfügen oder es sich aneignen. Diese Hypothese klingt auf den ersten Blick so simpel wie selbsterklärend. Aber ist es das wirklich? Was hat das Selbstbewusstsein mit Ihrer Persönlichkeitsentwicklung zu tun und was ist das Selbstbewusstsein eigentlich? Oftmals

---

[14]Monika Mörtenhummer (Hrsg.): *Zitate im Management*, Linde Verlag Wien GmbH, 2008, S. 177.

wird das Selbstbewusstsein mit einem selbstsicheren Auftreten anderen gegenüber gleichgesetzt, aber ist diese Selbstsicherheit nicht bereits die Konsequenz des Selbstbewusstseins? Der Duden definiert es aus philosophischer Sicht als das Bewusstsein von sich selbst oder aber als Überzeugung der eigenen Fähigkeiten und des eigenen Werts. Diese zweispurige Definition deutet die Vielschichtigkeit des Begriffs nur leicht an. Selbstbewusstsein, Selbstwertgefühl, Selbstsicherheit, Selbsterkenntnis, Selbstvertrauen? Sind das alles Synonyme oder eigen abgegrenzte Begrifflichkeiten? Und welche bedarf es nun für eine erfolgreich entwickelte Persönlichkeit? Das Selbstwertgefühl spiegelt den Wert wider, den man sich selbst mit allen individuellen Eigenschaften und Fähigkeiten eingesteht. Die Selbstsicherheit baut darauf auf, wenn eine Person für die erkannten Fähigkeiten einsteht. Bei der Selbsterkenntnis geht es weniger darum, eigene Eigenschaften zu erkennen, sondern Bedürfnisse, persönliche Werte und Gefühle sowie das eigene Verhalten zu erkennen, und im Anschluss daran auch zu reflektieren. Das Selbstvertrauen wird womöglich am häufigsten mit dem Wort Selbstbewusstsein synonym verwendet. Hierbei verfügt ein Mensch über die Zuversicht, jederzeit auf die eigenen Fähigkeiten vertrauen zu können.

Alle Begrifflichkeiten hängen also nah miteinander zusammen, verbreiten jedoch unterschiedliche Nuancen in Bezug auf die individuellen Eigenschaften und Fähigkeiten. Und trotzdem sind sie alle unabdingbar, um als glücklicher und erfolgreicher Mensch durchs Leben zu gehen. Wovon hängt also ein schwach ausgeprägtes Selbstbewusstsein ab, wie wird es ausgebildet? Im Sinne von Selbstwertgefühl, Selbstsicherheit und Selbstvertrauen liegt der Kern eines schwachen Selbstbewusstseins häufig in der Überschätzung der Fremdwahrnehmung und der Unterschätzung der Selbstwahrnehmung.

Dass bedeutet, dass äußere Faktoren wie die Meinungen von Mitmenschen als zu wichtig angesehen werden und die eigene Meinung vernachlässigt wird. Typische Beispiele für solch ein Verhalten ist die

Wirkung des eigenen Aussehens, des Einkommens, des beruflichen Erfolges oder Ähnlichem. Wenn die Fremdeinschätzung also das Selbstbewusstsein trübt, sollte der Fokus auf sein Inneres gelegt werden. Werden Sie sich selbst bewusst, es geht um Ihre Meinung, um Ihre Gedanken und nicht um die der anderen.

Niemand kann Sie so wahrnehmen, wie Sie es können. Um das Selbstwertgefühl zu aktivieren oder zu stärken, bedarf es vorher einer gesunden Selbsterkenntnis. Werden Sie sich klar über Ihre eigenen Bedürfnisse und Stärken, gehen Sie aber auch auf Schwächen ein. Diese gehören ebenso zu Ihrer Persönlichkeit wie Ihre Leistungen. Legen Sie Ihren Fokus auf das Positive, auf realistische Zielsetzungen in der nahen Zukunft, die ohne großen Druck den einzuschlagenden Weg weisen. Und nehmen Sie die Meinung Ihres Umfeldes zwar wahr, achten Sie aber vielmehr auf Ihre eigene Selbstreflexion. Konstruktive Kritik, sowohl von Ihrer Seite als auch von der Seite enger Bezugspersonen, sollte nicht als Angriff oder Selbstzweifel dargestellt, sondern als Ansporn zur Verbesserung gesehen werden. Außerdem ist nicht jede Schwäche gleich eine Schwäche, die kritisiert werden kann oder muss. Akzeptanz ist der erste Schritt zur vollkommenen Selbstliebe.

Diese Aussage hat nicht nur auf psychologischer Ebene einen hohen und wahren Stellenwert, sondern auch auf physischer. Um selbstbewusst und sich selbst bewusst zu werden, muss ein Mensch auch seine körperliche Betrachtungsweise erkennen und wahrnehmen. Ein großer Knackpunkt ist in diesem Fall die Körperhaltung. Denn wer sich mit eingefallenem Rücken, herunterhängenden Schultern und Mundwinkeln im Spiegel sieht, hat ein komplett anderes Bild von sich als dieselbe Person mit aufrechtem Rücken, zurückgezogenen Schultern und einem Lächeln auf den Lippen. Wenn Sie sich also als verunsichert, energielos und schlaff ansehen, strahlen Sie diese Eigenschaften vermutlich auch aus. Sehen Sie sich selbst jedoch als standfesten und aufrechten Menschen im Spiegel, wird auch Ihr Auftreten von Selbstsicherheit zeugen.

Um die Haltung nicht weiter als Ursache für die niedergeschlagene Stimmung zu akzeptieren, können Sie sich zunächst einmal zu Hause und dann auch im Alltag angewöhnen, Ihre Körperhaltung zu trainieren. Wahrscheinlich haben Sie diese Sprüche bereits in Kindertagen gehört, aber sie sind nach wie vor der Schlüssel zu einer selbstbewussten Grundhaltung und dem entsprechenden Auftreten.

Strecken Sie Ihre Brust heraus, ziehen Sie den Bauch ein, Ihr Gang wird so automatisch aufrecht und durch die angespannte Bauchmuskulatur gestärkt. Für einen strammen Schritt sorgt ein angespannter Po, der mit schulterbreit auseinandergestellten Füßen einhergeht. Heruntergezogene Schultern ziehen auch die Stimmung herunter.

Achten Sie deshalb darauf, dass Ihre Schultern nach hinten und ein kleines Stück nach unten gezogen werden. Diese aufrechte Haltung tut nicht nur Ihrem Auftreten und Selbstbewusstsein gut, sondern auch Ihrer Rücken- und Nackenmuskulatur. Um im letzten Schritt das Selbstbewusstsein zu steigern, heben Sie Ihren Kopf an. Blicken Sie geradeaus, heben Sie das Kinn leicht an, halten Sie Ihren Nacken gestreckt. Es bedarf sicherlich ein wenig Disziplin und Training, bis der Körper diese neue Grundhaltung verinnerlicht hat, aber es lohnt sich auf jeden Fall. Denn nicht nur Sie selbst werden neben der veränderten Haltung auch eine veränderte Stimmung und Wirkung wahrnehmen, Ihrem Umfeld wird es ebenso auffallen. Sparen Sie zudem nicht an Lächeln, denn genauso wie die Körperhaltung verändert auch ein einfaches Lächeln automatisch die Stimmung und lässt die Selbstsicherheit nach innen und die Wirkung nach außen positiver erscheinen. Aber eine aufrechte Körperhaltung und ein zusätzliches Lächeln machen aus einer wenig selbstbewussten Person leider noch keine vor Selbstsicherheit strahlende Person.

Ein wenig am Selbstwertgefühl zu arbeiten und sich seines eigenen Werts bewusst zu werden, verankert auch das Bewusstsein für sich selbst. Achten Sie nicht nur auf die Haltung, sondern erkennen Sie Ihr Erscheinungsbild als Türöffner zu Ihrer Persönlichkeit und damit auch zu Ihrem Selbstbewusstsein. Das heißt nicht, dass Sie zwangsweise ein komplettes Make-Over oder tütenweise neue Kleidung benötigen. Finden Sie Ihren Stil, tragen Sie eine Garderobe, in der Sie sich wirklich wohlfühlen, achten Sie auf Körperpflege, trauen Sie sich Accessoires zu tragen, seien Sie stolz auf Ihre Frisur. Wenn Sie sich selbst attraktiv und ansprechend finden, Ihren Kleidungsstil von innen heraus vertreten und zufrieden sind mit dem, was Sie präsentieren, hebt sich auch Ihr Selbstwertgefühl. Horchen Sie dafür in sich hinein, was Sie ausmacht, wie Sie sich zeigen möchten und kaufen Sie nicht nur Kleidung, weil sie von einem bestimmten Designer oder einer exklusiven Kollektion ist. Denn das ist häufig ein Zeichen für das Suchen der Bestätigung anderer.

Diese Bestätigung benötigen Sie aber gar nicht, Ihre eigene Bestätigung ist mehr als ausreichend und vor allem mehr Wert. Sagen Sie deshalb öfter „Nein“, wenn Sie merken, dass es um Bestätigung oder Ähnliches geht. Vertrauen Sie sich und Ihrem Selbstbewusstsein. Und zeigen Sie das. Gehen Sie offen mit Komplimenten um, Sie dürfen sich auch selbst welche machen. Es geht bei ehrlichen Komplimenten nämlich nicht um Eigenlob oder Arroganz, sondern um die persönlichen Vorzüge, die vom reinen Aussehen bis zu individuellen Charaktereigenschaften reichen können. Und genauso weitreichend wie die Möglichkeiten ist auch das Selbstbewusstsein selbst. Auch wenn es von vielen verschiedenen Faktoren abhängt und schon in der frühen Kindheit ausgebildet wird, ist es nie zu spät, daran zu arbeiten und es zu optimieren.

Der wichtigste Faktor, der über das Selbstbewusstsein bestimmt, sind nämlich Sie selbst. Nur Sie selbst können die erforderliche Energie aufbringen, um Ihr Leben selbstbewusst zu meistern und mit Herausforderungen selbstbewusst umzugehen. Vertrauen Sie sich, vertrauen Sie Ihren Fähigkeiten, vertrauen Sie Ihrem Weg und unterstützen Sie Ihr Selbstbewusstsein, ein positives Lebensgefühl zu erschaffen, dass Ihnen den Weg durch Ihre Persönlichkeitsentwicklung erleichtert.

Aktiv werden

Persönlichkeitsentwicklung ist ein Substantiv. Entwickeln ist aber ein Verb, ein Tu-Wort, wie Grundschüler es meistens lernen. Verben bezeichnen Tätigkeiten oder Vorgänge, es muss also etwas getan werden, das steht fest. Aber was muss getan werden, welche Tätigkeiten oder Vorgänge müssen durchgeführt werden, um die Persönlichkeit zu entwickeln? So offen, wie diese Frage gestellt ist, so offen ist auch ihre Antwort. Was würden Sie jetzt als Erstes machen, um Ihre Persönlichkeit zu entwickeln? Wenn sich Ratlosigkeit oder Überforderung in Ihrem Gesicht ausbreiten, ist das noch kein Grund zur Sorge. Einige grundlegende Prozesse können Ihnen Ihre individuelle Antwort auf die Frage erleichtern.

Sie können bei Ihrer Persönlichkeitsentwicklung nichts falsch machen, Fehler existieren hier nicht und auch Vergleiche sind sinnlos. Lassen Sie sich auf die vielfältigen Angebote ein, die Sie selbst mit Ihren Interessen personalisieren können und sollen. Denn das Substantiv Persönlichkeitsentwicklung besteht nicht nur aus dem Verb entwickeln, sondern auch aus dem Adjektiv persönlich. Es geht einzig und allein um Sie, Sie sind der Fokus, Ihre Interessen stellen den Schwerpunkt dar. Öffnen Sie sich für eigene Ideen, die Sie in Ihr Leben integrieren können, die Ihnen Freude und Entwicklung bereiten und mit denen Sie sich rundum wohlfühlen.

KOMFORTZONE VERLASSEN

Denn Wohlfühlen ist ein sehr wichtiger Faktor, wenn es um die Persönlichkeit geht. In der Regel fühlen wir uns in unserer Komfortzone am wohlsten. Warum sollten Sie sie also verlassen und sich an neue Ufer begeben? Wenn Wohlfühlen so bedeutend ist, sollte an dem Bereich, der Ihnen dieses Gefühl vermittelt, lieber nichts verändert werden? Oder gerade deswegen. Sind Sie sich Ihrer persönlichen Komfortzone eigentlich bewusst?

Offenbar ist es der Ort, an dem Sie wenig bis keine Anstrengung aufbringen müssen, um Dinge zu erledigen. Routinen sind allgegenwärtig, die Gewohnheit regelt den Ablauf. Diese Komfortzone kann vielseitig sein, zu Hause wird sie vielleicht von dem bequemen Sofa im Wohnzimmer repräsentiert, aber auch der Job, der sich seit Ewigkeiten nicht großartig verändert hat, der wenig Neuerungen mit sich bringt oder eine Beziehung, die eingeschlafen ist und nur aus Gewohnheit weitergeführt wird.

All diese Situationen können eine Komfortzone darstellen. Jedes Jahr derselbe Urlaubsort, immer der gleiche Supermarkt, täglich dieselbe Gassi-Runde mit dem Hund. Sie merken, die Komfortzone kann in jedem Bereich des Alltags gefunden werden und oftmals ist sie auch nicht zwangsläufig negativ. Mit hoher Wahrscheinlichkeit kennen Sie alle Abläufe in Ihren Komfortzonen, Sie brauchen nicht viel Neues erwarten, Ihre Alarmfunktionen können heruntergefahren werden, Ihr Körper kann abschalten und sich ausruhen. Aber stellen Sie sich einmal vor, was passiert, wenn Ihr Körper immer abgeschaltet bleibt. Wenn die Alarmfunktionen ständig heruntergefahren sind, nichts Neues passiert und alle Prozesse bekannt sind. Dann befinden sich der Alltag, das Leben und auch die Persönlichkeit im Stillstand.

Entwicklung im Stillstand ist nicht möglich. Und wenn sich die Welt jeden Tag dreht, ständig verändert und neu formt, sollten auch Sie flexibel bleiben, sich an die neuen Situationen anzupassen. Wer es gewohnt ist, mit unerwarteten und ungewohnten Dingen klarzukommen, kann auch besser auf allgemeine Veränderungen reagieren, Situationen können besser eingeschätzt werden, die gesamte Persönlichkeit ist breiter aufgestellt.

Die eigene Komfortzone zu verlassen ist übrigens absolut nicht gleichzusetzen mit einem Fallschirmsprung aus einem Flugzeug, wenn man sowieso schon an Höhenangst leidet. Dabei verlässt man seine Komfortzone zwar auch, und zwar auf extreme Art und Weise, aber dieser Eintritt in die sogenannte Lernzone, also das Gegenteil der Komfortzone, ist auch auf viel unspektakulärere Weise im alltäglichen Leben möglich. Lassen Sie sich auf einige Beispiele ein und überlegen Sie, wo Sie in Ihrem Alltag die individuelle Komfortzone erweitern oder verlassen können. Vertrauen Sie auf Ihre Flexibilität und bleiben Sie spontan, denn so beanspruchen Sie Ihre Persönlichkeit in einer ganz neuen Form.

Die Komfortzone zu verlassen beinhaltet also die Überwindung von Ängsten oder die bewusste Entscheidung, Anstrengung aufbringen zu müssen. Wenn Sie nicht der Typ sind, der von jetzt auf gleich seine Ängste besiegen will, können Sie Stück für Stück Ihre Komfortzone ausweiten, und zwar so, dass Sie die Erweiterung wahrscheinlich nicht einmal bewusst merken. Wenn die Mehrheit der Bücher in Ihrer privaten Bibliothek sich rund um das Thema Geschichtskrimis dreht, probieren Sie doch einfach mal ein neues Themengebiet aus. Ob es nun ein Sachbuch über Geschichte, ein geschichtlicher Roman oder eine Kurzgeschichte mit völlig anderem Inhalt ist, bleibt natürlich Ihnen selbst überlassen. Wenn Sie neue Kleidung benötigen und im Geschäft stehen, greifen Sie nicht als Erstes zu genau den Teilen, die Sie ohnehin schon in vielfacher Ausführung im Schrank liegen haben. Probieren Sie neue Schnitte oder Farben aus, die Sie bislang nicht besonders wahrgenommen haben. Auch beim Kochen und Essen können Sie Ihre Komfortzone erweitern. Neue Lebensmittel können sich in vielerlei Hinsicht positiv auf Ihr Gesamtwohl auswirken.

Dabei müssen und sollten Sie gar nicht unbedingt auf die exotische Vielfalt in ausgewählten Läden eingehen. Wann haben Sie das letzte Mal heimische Pastinaken zubereitet? Saisonale Kohl- oder Kürbissorten können nicht nur sehr unterschiedlich in Geschmack und Zubereitung ausfallen, sondern zudem Ihren Geldbeutel und die Umwelt schonen. Trauen Sie sich, die alten, regionalen Nahrungsmittel Ihrer Großmutter neu zu entdecken und sie selbst zuzubereiten. Beim Spaziergang können Sie neue Wege erkunden, verschiedene Kulissen der Natur bestaunen und sie auf sich wirken lassen. Denn wenn Sie sich an einen Ort begeben, an dem Sie noch nie waren, wird Ihnen die Einzigartigkeit und die Vielfalt dieses Ortes auffallen, Sie können sich an dem Neuen erfreuen und vielleicht sogar in Ihren Gedanken mit nach Hause nehmen.

Wenn Sie neue Pflanzen entdecken, die Sie noch nie gesehen haben, können Sie sich zu Hause damit auseinandersetzen, um welche Gewächse es sich handelt, und wenn Sie im Sand oder im Schnee Fußspuren von Tieren entdecken, werden Sie sich über den unberührten Lebensraum heimischer Arten bewusst. Halten Sie die Augen offen, gehen Sie nicht immer den ersten und einfachsten Weg und erkunden Sie die Grenzen Ihrer persönlichen Komfortzone, überschreiten Sie diese Grenzen und lassen Sie Ihre Persönlichkeit daran wachsen. Denn so bleiben Sie genauso flexibel und anpassungsfähig, wie die Welt es von Ihnen erwartet.

NEUES HOBBY

Noch einen Schritt weiter gedacht, als nur die Komfortzone zu erweitern und zu verlassen, ist die Aufnahme neuer, regelmäßiger Hobbys. So sprechen Sie nicht nur Ihr Gehirn an, sich neue Abläufe zu merken und Interesse wachsen zu lassen, sondern Sie gestalten Ihre Freizeit sinnvoll mit Neuerungen, die auch Sie neue Seiten an sich erkennen lassen werden. Wenn Sie sich jetzt die Frage stellen, was Ihre drei liebsten Hobbys sind, was antworten Sie? Arbeiten, Schlafen und Haushalt zählen nicht, da diese Tätigkeiten fester Bestandteil Ihres geregelten Alltags sind. Womit verbringen Sie gern Ihre Freizeit? Worauf freuen Sie sich schon Tage im Voraus, wie können Sie so richtig abschalten und die Zeit genießen? Wenn Sie sich bewusst geworden sind, was derzeit Ihre Hobbys sind, können Sie den nächsten Schritt wagen. Wollen Sie Ihre bisherigen Interessen auf einem anderen Gebiet weiter spezialisieren oder wollen Sie sich komplett in unbekannte Gewässer stürzen? Wenn Sie bereits Sport als Ihren persönlichen Ausgleich gefunden haben und regelmäßig Fußball spielen und Fußball schauen, könnte eine weitere Sportart andere Wirkungen in Ihrem Leben erzielen. Haben Sie schon einmal an Schwimmen, Skifahren oder Badminton gedacht? Wird in Ihrer Region Kampfsport angeboten oder könnte Tanzen ein Zusatz sein? Oder ist ein anderer Weg für Sie passender?

Vielleicht ist es an der Zeit, Noten und ein Instrument zu lernen. Oder sich eine Nähmaschine zu leihen oder zu kaufen und Kleidung für bekannte Kinder, Dekorationen, Nützliches für den Haushalt, den Alltag oder das Haustier zu nähen? Wenn Sie ein Haustier haben, können Sie sich auch in dieser Richtung weiter ausbreiten, beginnen Sie mit Ihrem Hund Hundesport wie Agility oder auch Mantrailing, bringen Sie Ihrem Kaninchen bei, ein Kaninchenklo zu benutzen, und lassen Sie es regelmäßig außerhalb des Stalles die Wohnung erkunden. So einzigartig wie Sie und Ihre Interessen sind, so einzigartig sind auch Ihre Möglichkeiten.

Egal, womit Sie sich auseinandersetzen, die Tatsache, dass Sie sich über eine neue Beschäftigung informieren und sich womöglich sehr dafür zu begeistern beginnen, offenbart neue Seiten Ihrer Persönlichkeit. Sie werden merken, wie einfach es Ihnen fällt, mit Tieren umzugehen und ihnen Ihre Ziele zu verdeutlichen, wie viel Spaß Sie daran haben, sich handwerklich oder mit Handarbeiten zu befassen und Ihre Arbeiten als fertige Stücke betrachten zu können. Lassen Sie sich auf eine neue Materie ein, bleiben Sie nicht bei den Hobbys, die Sie bereits seit Jahrzehnten ausüben, nur weil Sie sie schon jahrzehntelang betreiben. Spüren Sie Ihre Interessen auf, wagen Sie Neuanfänge, nehmen Sie eventuelle Startschwierigkeiten als Ansporn an und öffnen Sie sich und Ihre Persönlichkeit. Denn die neuen Blickwinkel, die ein neues Hobby Ihrer Persönlichkeit schenkt, werden sich auf alle Bereiche Ihrer Persönlichkeit ausdehnen und diese rund herum vollkommener und weiter machen.

NEUER VEREIN

Wo kann man ein neues Hobby besser erlernen als in einem Verein? Sei es nun der Sportverein, in dem Sie lediglich eine weitere Abteilung kennenlernen, sei es der Musikverein oder der wöchentliche Handarbeitstreff. Viele Tätigkeiten bereiten in Gesellschaft noch einmal deutlich mehr Freude als allein. In lokalen Zeitungen und Prospekten werben viele Vereine oft mit interessanten Schnuppernachmittagen, Tagen der offenen Tür, Basaren oder ähnlichen Veranstaltungen, um auf sich aufmerksam zu machen. Vertrauen Sie darauf, dass Sie in diesen Vereinen auch wirklich willkommen und erwünscht sind.

Die Menschen werden sich freuen, ein neues Mitglied begrüßen zu dürfen, jemand Neuen in ihrer Mitte aufzunehmen. Der traditionelle Mühlenverein, eine Patenschaft in einem Tierheim, politische Verbindungen, es gibt auch in Ihrer Nähe unzählige Möglichkeiten, neue Gesellschaften zu erfahren. Auch ein Kegelclub oder ein Stammtisch bringt neue Gesichter in Ihr Leben, die Ihre Ansichten und Standpunkte ändern oder festigen können. Egal, ob ein neuer Verein einhergeht mit einem neuen Hobby oder ob nur eines von beiden umgesetzt wird oder beides, neue Bekanntschaften und persönliches Engagement in solchen Gemeinschaften wirken sich immer auf die eigene Persönlichkeit aus. Interessante Gespräche, neue gesellschaftliche Erfahrungen, unterschiedliche oder gleiche Traditionen und Bräuche erweitern die eigenen Perspektiven und lassen Sie über den Tellerrand schauen.

Und wenn Ihnen dieser Blick gefällt, öffnet sich auch Ihre eigene Persönlichkeit noch ein Stück weiter, wird aufnahmefähiger für Neues und äußert den Wunsch nach Entwicklung noch mehr.

ALTES LOSLASSEN UND DARAUS LERNEN

Aber muss es denn immer etwas Neues sein? Warum wird die Entwicklung Ihrer Persönlichkeit so oft mit der Offenheit und dem Erlernen von Neuem verknüpft? Das Altbewährte ist doch nicht schlecht und niemand kann vorhersagen, ob das Neue gleich gut oder sogar besser sein wird. Auch, wenn diese Aussagen, die voller Zweifel und Bedenken sind, nicht falsch sind, sind Neuerungen unumgänglich für Ihre Persönlichkeitsentwicklung. Kämpfen Sie öfter einmal mit Unzufriedenheit oder Enttäuschung?

Fühlen Sie sich innerlich unruhig und gestresst, kennen Sie Einschlafprobleme, ärgern Sie sich über Dinge, auf die Sie keinerlei Einfluss nehmen können? Diese und noch viele weitere schmerzliche Empfindungen können die Auswirkung sein, wenn Altes einfach unbehandelt im Leben erhalten bleibt. Gehen Sie nicht davon aus, direkt die größten Schritte ändern zu müssen, eine Beziehung erfährt bessere und schlechtere Zeiten und eine schlechte Phase ist kein Grund, sofort die Scheidung einzureichen und die Familie zu verlassen.

Ebenso veranlasst ein einfacher Streit mit dem besten Freund oder der besten Freundin keinen Kontaktabbruch. Aber um aus dem Strudel der negativen Gedanken zu entfliehen, müssen Sie loslassen. Nur so wird Platz für Gelassenheit, Selbstakzeptanz und Glück geschaffen. Angst, Wut und Liebe sorgen dafür, dass es Ihnen schwerfällt, Dinge loszulassen. Da es keinen Geheimtrick gibt, Gefühle zu ändern, ist dieser Lösungsansatz also hinfällig. Gefühle können nicht geändert werden, aber sie können akzeptiert werden, und zwar ehrlich akzeptiert. Denn Situationen und Dinge sind nun einmal, wie sie sind, werden sich nicht ändern oder auflösen, weil Sie Angst, Wut oder Liebe empfinden.

Akzeptieren Sie also Ihre Gefühle und auch die Situation. Erwarten Sie allerdings keine Wunder, allein durch die Akzeptanz wird es Ihnen nicht besser gehen. Wenn Sie Angst vor einer Veränderung verspüren und diese Angst akzeptieren, wird sie nicht verschwinden. Lenken Sie Ihren Fokus also nicht auf die Angst selbst, sondern hören Sie auf, dagegen anzukämpfen, heißen Sie sie willkommen auf einem Teil Ihres Weges. Nur so akzeptieren Sie die alten Lasten tatsächlich und bilden die

Grundlage, sie loslassen zu können. Aber wenn Sie keine neuen Pläne, keine Herausforderungen, keine anderweitigen Ziele verfolgen, gibt es keinen Ansporn, das Alte loszulassen. Machen Sie sich in Ihrem Inneren auf die Suche, finden Sie neue Projekte, erschaffen Sie sich lohnende Ziele.

Die Konzentration wird so automatisch von den Problemen auf die neuen Möglichkeiten gelenkt, Sie werden weniger das Gefühl haben, etwas zu vermissen oder dass etwas fehlt. Statt groß und mächtig zu denken, lassen Sie zunächst kleine Dinge und Angewohnheiten los. Akzeptieren Sie, dass in einem Haushalt mit Haustier nun einmal Spuren des Tiers zu finden sind, egal, wie sauber und ordentlich es sonst ist. Lassen Sie den Druck los, dreimal täglich deswegen staubsaugen zu müssen und gönnen Sie sich in dieser neugewonnenen Zeit einen entspannten Kaffee, ein Buch oder gemeinsame Zeit mit Familie oder Freunden. Akzeptieren Sie Ihr Aussehen, statt sich dafür zu schämen oder zu hungern, und legen Sie Ihren Fokus auf qualitative Kleidung oder eine großartige Frisur, wenn Sie sich dennoch unwohl fühlen. Akzeptieren Sie Ihre Vergangenheit und schmieden Sie Pläne für eine aussichtsreiche Zukunft, in der Sie der glückliche und selbst akzeptierte Star sind.

TEILNAHME AM GESELLSCHAFTLICHEN LEBEN

Kennen Sie Ihre Nachbarn gut? Waren Sie bei dem letzten Schützenfest in Ihrer Stadt dabei? Und haben Sie auf dem Trödelmarkt schon einmal ordentliche Schnäppchen gemacht? Das gesellschaftliche Leben, das sich in der Öffentlichkeit abspielt, hat einiges zu bieten und sich dem zu entziehen, wäre misslich. Die Vorteile sind vielfältig. Wenn Sie beispielsweise auf dem Wochenmarkt einkaufen statt im klassischen Supermarkt, treffen Sie wahrscheinlich Bekannte, mit denen Sie in ein kurzes Gespräch verfallen. Auch die Unterhaltung mit Markthändlern kann positive Gefühle erzeugen, Sie können sich als Kunde wertgeschätzt fühlen, können Ihre Verhandlungsfähigkeiten ausbauen, Ihren Charme trainieren oder sich vielleicht über einen zusätzlichen Apfel in Ihrer Tüte freuen, weil das Gespräch dem Gegenüber genauso viel Freude bereitet hat wie Ihnen.

Bei diesem Beispiel unterstützen Sie zusätzlich den regionalen Markt, schonen also die Umwelt und Ihren Geldbeutel, da saisonales Einkaufen grundsätzlich preiswerter ist als nicht saisonales. Da Märkte in der Öffentlichkeit stattfinden, können Sie Ihren Einkauf auch mit einem gezielten Treffen mit einer Freundin oder einem Freund verbinden, mit dem Sie beim anschließenden Kaffeetrinken die Entspannung und Ruhe genießen und dennoch bereits einen Teil Ihrer To-do-Liste erledigt haben. Die Gesellschaft, die Sie auf einem Markt vorfinden, ist absolut nicht vergleichbar mit der in einem Supermarkt oder einem Discounter. Probieren Sie beide Varianten aus und Sie werden merken, dass Sie mit einem anderen Gefühl nach Hause gehen, wenn Sie auf dem Markt waren, weil dort die Gesellschaft mehr im Vordergrund steht und Freundlichkeit, Herzlichkeit und Offenheit zum Alltagsgeschäft gehören.

Auf einem Stadtfest können Sie mit Ihren Freunden einen amüsanten Tag oder Abend verbringen und Sie können alte Bekannte wiedersehen, zu denen vielleicht neuer Kontakt aufgebaut wird. Sie können neue Menschen kennenlernen, die vielleicht ähnliche Ansichten und Gedankengänge haben wie Sie, mit denen Sie sich auf Anhieb gut verstehen oder die durch Ihre kontroversen Blickwinkel Ihre Aufmerksamkeit auf sich ziehen, weil Sie mit Ihnen auf einem konstruktiven Niveau diskutieren können, sich Meinungen vermischen, Beweggründe erläutert werden und Sie geistig gefordert werden. So kann aus einem simplen Abend in der Öffentlichkeit eine neue Seite Ihrer Persönlichkeit aufgeschlossen werden, über die Sie bislang vermutlich noch nichts wussten. In vielen Regionen werden zu bestimmten Jahreszeiten Weinfeste, Bierbörsen, Whisky-Tastings oder Ähnliches angeboten. Hier steht neben dem gesellschaftlichen Aspekt, der Ihre Persönlichkeit sowieso beeinflusst und erweitert, auch der sachliche Hintergrund im Fokus. Wissen Sie, wie viele verschiedene Biersorten allein in Deutschland produziert werden oder wo der teuerste Whisky der Welt herkommt? Und haben Sie sich schon einmal gefragt, wie lange der vermeintlich beste Wein gereift ist? Das öffentliche Leben kann Ihre Interessen wecken, kann neue Vorlieben auslösen und andere Perspektiven eröffnen. Schauen Sie doch einmal in Ihrer Tageszeitung, in Ihrem Stadtanzeiger, auf der Homepage Ihrer Gemeinde, im Bürgerbüro oder im Rathaus Ihrer Stadt nach Terminkalendern und öffentlichen Einladungen zu Veranstaltungen um. Scheuen Sie sich nicht, sich allein auf den Weg zu solchen Anlässen zu machen, aber sicherlich werden Sie in Ihrem Umfeld jemanden finden, der Sie mit Freude begleitet. Fragen Sie Familienmitglieder, Freunde oder Nachbarn, die einigermaßen ähnliche oder gegensätzliche Interessen haben, sich Ihnen anzuschließen und sich aktiv am gesellschaftlichen Leben beteiligen.

AKTIV WÜNSCHE ERFÜLLEN

Wann haben Sie sich das letzte Mal einen Wunsch erfüllt? Einfach nur so, weil Sie einen guten Tag auf der Arbeit hatten, stolz auf Ihren souveränen Umgang mit pubertierenden Kindern sind, weil Sie das Gefühl hatten, es zu verdienen? Oder anders gefragt, warum haben Sie sich das letzte Mal den einen Wunsch nicht erfüllt? Was hat Sie davon abgehalten, es zu tun? Waren es Sorgen, Befürchtungen, Unsicherheit? Wollen Sie aber wirklich diese Sorgen, Befürchtungen und Unsicherheiten über Ihr Leben und Ihr persönliches Glück entscheiden lassen? Oder sollte das nicht lieber in Ihrer Hand liegen, welche Emotionen als wie wichtig angesehen werden? Denn Sie sind es wert, sich selbst Wünsche zu erfüllen. Sei es die Fortsetzung eines Buchs, auf die Sie schon seit langer Zeit sehnsüchtig warten, oder ein Besuch auf dem Konzert Ihrer Lieblingsband, das ausgiebige Frühstück beim Bäcker mit der besten Freundin, während die Kinder im Kindergarten sind. Das schlechte

Gewissen, das Ihnen vielleicht ausredet, dem Wunsch nachzugeben und Ihre Bedürfnisse zu erfüllen, ist an dieser Stelle unangebracht.

Warum sollten Sie nicht auf das Konzert gehen, sich etwas Neues kaufen oder Ihre Freizeit genießen, statt den Haushalt und die Wäsche zu bekämpfen? Da Sie nicht jeden Tag all Ihre Wünsche erfüllen, erlauben Sie es sich. Schieben Sie das schlechte Gewissen und die negativen Gedanken beiseite, erlauben Sie dem Glücksgefühl die Führung und legen Sie dabei mehr Wert auf Ihre Selbstwahrnehmung als auf Fremdwahrnehmung. Denn nicht nur Teile Ihres Inneren werden womöglich die Wünsche und ihre Erfüllung infrage stellen, auch Ihr Umfeld könnte unpassende und unangebrachte Kommentare abgeben. Stehen Sie darüber, seien Sie sich Ihrer bewusst und zeigen Sie die Stärke, dass auch Sie das Recht haben, sich selbst Ihre Wünsche aktiv zu erfüllen. Lassen Sie das Glück herein, öffnen Sie sich und genießen Sie diese Augenblicke in vollen Zügen, denn nur so können die Schwierigkeiten des Alltags in den Hintergrund gerückt werden und Sie zu einem ausgeglichenen und wohlwollenden Menschen werden.

ROUTINEN VERÄNDERN

66 Tage. Studien zufolge benötigt der Körper durchschnittlich etwa 66 Tage, bis er neue Gewohnheiten als Routine betrachtet, bis er sich daran angepasst hat. Bei manchen Menschen fingen die Abläufe schon nach nur 18 Tagen an, routinierter zu werden.[15] Aber ob nun drei Wochen oder zwei Monate, auf Ihr ganzes Leben betrachtet sind beide Zeiträume nicht besonders lang. Was also hindert Sie daran, 18 bis 66 Tage

---

[15]Philippa Lally, Cornelia H. M. van Jaarsveld, Henry W. W. Potts, et. al.: *How are habits formed: Modelling habit formation in the real world.* European Journal of Social Psychology, 16.07.2009.

durchzuhalten, um im Anschluss daran neue, positive Routinen als Teil Ihres Lebens anzusehen? Erfahrungsgemäß fällt es dem Menschen wesentlich schwerer, eine alte Angewohnheit abzulegen, als eine neue Gewohnheit durchzusetzen. Mit etwas aufzuhören ist also schwerer, als etwas anzufangen. Deswegen sollten Sie vor allem zu Beginn die Aufmerksamkeit auf neue Routinen legen und nicht darauf, alte Routinen abzulegen. Um den gewünschten Effekt zu erzielen, helfen einige kleine Tricks und Tipps.

Koppeln Sie, vor allem am Anfang, die gewünschte Gewohnheit mit einem eindeutigen Auslösereiz. Belohnungen können hier Wunder wirken. Wenn Sie sich vornehmen, jeden Morgen nach dem Aufstehen eine Runde Joggen zu gehen, hilft es also ungemein, sich die Laufschuhe sowie die passende Kleidung direkt neben das Bett zu legen, damit die entsprechenden Sportsachen direkt angezogen werden können. Zudem könnte ein ausgiebiges Frühstück oder eine entspannte Dusche mit einem neuen Duschschaum oder Ähnlichem die Belohnung darstellen, die unmittelbar im Anschluss an die Tätigkeit erfolgt. Ein gesünderes Leben und ein schlanker Körper sind zwar auch das Ziel des morgendlichen Laufens, Ihr Gehirn kann diese in ferner Zukunft liegenden Anreize jedoch nicht unmittelbar mit dem Sport verknüpfen. Auch eine Strichliste mit Belohnungseffekt kann sinnvoll sein. Nach zehn erfolgreichen Wiederholungen des gewünschten Verhaltens erfolgt eine kleinere Belohnung. Der zweite Trick, Routinen als solche zu manifestieren, ist, nicht allein daran zu arbeiten. Druck von Mitmenschen hilft ungemein, auf die neuen Gewohnheiten zu achten. Das kann im oben genannten Beispiel ein Laufpartner sein, eine virtuelle Gruppe Gleichgesinnter oder ein Freund, der sich regelmäßig nach den Trainingserfolgen erkundet. Damit Ausreden oder Vorwände gar keinen Einfluss auf den Erfolg der gewünschten Routine erhalten, sollte von vornherein geklärt werden, dass z. B. unangemeldeter Besuch die Runde mitläuft oder bei schlechtem Wetter das Training nach drinnen verlegt wird.

Denn wenn Sie zwei- oder dreimal inkonsequent waren, fällt es Ihnen von Mal zu Mal leichter, sich vor der gewünschten Gewohnheit zu drücken, bis Sie das Verhalten komplett wieder einstellen und in alte Muster verfallen. Mit der Zeit werden Sie automatisch Ihre Laufschuhe anziehen und Sie verspüren den Drang nach Bewegung und frischer Luft. Sobald dieser Automatismus und dieser Drang ans Tageslicht kommen, haben Sie es geschafft und aus einem Verhalten wurde eine Routine. Die Gewohnheit, das Joggen ausfallen zu lassen, ist nun keine Option mehr, weil sich aus dem anfänglichen Zwang eine Freude entwickelt hat, die Ihnen nicht nur körperlich und seelisch guttut, sondern die sich auch auf Ihre Persönlichkeit auswirkt.

Entspannter werden

Der Wecker klingelt um 6.15 Uhr. Sie haben eine dreiviertel Stunde Zeit zum Duschen, Anziehen und Frühstücken, bis Sie um 7.00 Uhr mit gepackter Tasche das Haus verlassen und zur Arbeit aufbrechen. Vielleicht machen Sie in dieser Zeit auch noch Ihre Kinder fertig und bringen Sie in den Kindergarten oder zur Schule, oder Sie gehen eine kleine Runde spazieren mit dem Hund, der den ganzen Vormittag über entspannt weiterschlafen wird. Auf der Arbeit angekommen verschaffen Sie sich einen Überblick über das, was seit Feierabend geschehen ist und arbeiten das auf. Zeit für ein ruhiges Mittagessen bleibt kaum, nebenbei wird der Hunger mit einem belegten Brötchen vom Bäcker und einem Apfel gestillt. Bis Sie zu Hause ankommen, unterwegs noch schnell für heute und morgen eingekauft haben, vergeht die Zeit wie im Flug. Doch auch zu Hause wartet noch der Haushalt, die Wäsche, vielleicht ein wenig Post und natürlich die Familie und die Freunde. Termine über Termine, Struktur und Taktung an jedem Tag.

Dass der Alltag heute geprägt ist von Stress, Hektik, dem Online-Sein und der Abrufbereitschaft, ist kein Geheimnis. Dass Sie sich angespannt und im Dauerlauf-Modus fühlen, ist daher nicht verwunderlich. Auch, wenn Sie das Gefühl schätzen, gebraucht zu werden und wichtig zu sein, kann es Ihnen doch nicht die nötige Entspannung geben, die Sie nötig hätten, um einmal wirklich ruhig zu werden und in sich hinein zu horchen. Es fällt einigen Menschen umso schwerer, sich eine Auszeit einzuräumen, bewusst offline zu sein und abzuschalten, sich nur mit sich selbst auseinanderzusetzen. Dieser Abstand von der Außenwelt und vom Alltag ist aber notwendig, um nachhaltig und erfolgreich zu entspannen.

Aber ist Entspannung für den Erfolg Ihrer Persönlichkeitsentwicklung tatsächlich so ausschlaggebend? Ja! Im Körper wird bei einer Entspannung das sogenannte parasympathische Nervensystem angesprochen, das dafür sorgt, dass sich unter anderem der Puls verlangsamt, der Blutdruck gesenkt wird, der Muskeltonus reduziert wird, die Atemfrequenz langsam und gleichmäßig stattfindet und somit auch der Sauerstoffverbrauch etwas abnimmt. Kurz gesagt, kommt der Körper zur Ruhe und beginnt seine Regeneration. Aber nicht nur physisch löst die Entspannung im Körper etwas aus, auch auf psychischer Ebene ist sie wirksam. Sie sorgt für allgemeine Gelassenheit, verminderte Angstzustände, eine erhöhte Konzentration, eine ausgeglichene Stimmung und ein verringertes Anspannungs- und Erregungsniveau. Im Alltag kann Ihnen durch eine aktive Entspannung also der Druck und das Stressgefühl genommen werden, Sie fühlen sich mental frischer und können sich dank der Gelassenheit öffnen und mehr Dinge wahrnehmen.

Um aus diesen Aspekten Gewinn ziehen zu können, gibt es verschiedene Methoden der Entspannung. Nicht jede eignet sich für jeden Menschen gleich gut, Sie selbst können entscheiden, ob und welche Ihnen zusagt. Oder Sie können alle ausprobieren und dann entscheiden oder auch die Möglichkeiten abwechseln. Die Hauptsache ist einzig und allein, dass Sie sich entspannen.

Meditation

Jeder von uns hat schon oft den Begriff Meditation gehört, vielleicht gibt es sogar in Ihrem Umfeld Bekannte, die regelmäßig meditieren oder Sie haben es selbst bereits ausprobiert. Falls Sie mit dem Begriff zwar etwas anfangen können, aber kein konkretes Bild vor Augen haben, hilft wahrscheinlich die grobe Definition von Meditation, um zu verstehen, warum sie sich so erfolgreich auf die Persönlichkeitsentwicklung auswirkt. Das lateinische Verb *meditari* wird im Deutschen mit ‚nachdenken, nachsinnen, überlegen' übersetzt, und auch das griechische *medomai* heißt auf Deutsch ‚denken, sinnen'. Schon vor mehreren tausend Jahren waren sich viele Religionen und Kulturen über die beruhigende und sammelnde Wirkung von Meditation bewusst. Mithilfe von verschiedenen Konzentrations- und Achtsamkeitsübungen wurde das Bewusstsein erweitert und der Geist angesprochen. Im Laufe der Zeit sind die Ziele dieser Übungen zwar weitestgehend die gleichen geblieben, aber die Art und Weise der Meditation hat sich verändert bzw. erweitert. So, wie Mönche vor anderthalbtausend Jahren in ihrem Kloster von der Meditation profitiert haben, nutzt sie einem viel beschäftigten Menschen des 21. Jahrhunderts in der westlichen Welt vermutlich wenig.

Die an unsere Situation angepassten Möglichkeiten der Meditation bringen aber alle nützlichen Vorteile mit sich. Während der Meditation wird erlernt, wie man seine Aufmerksamkeit bewusst steuern kann, welche Wirkung es auf den Körper hat, verschiedene Gedanken einfach kommen und direkt wieder gehen zu lassen, und wie daraus resultierend sowohl der Körper als auch die Psyche entspannen können. Konkrete körperliche Effekte der regelmäßigen Meditation sind unter anderem ein besseres und erholsameres Schlafverhalten, ein besseres Erinnerungsvermögen, ein geringeres Stresslevel, emotionale Balance und eine allgemein stärkere Gesundheit dank eines stabilen Immunsystems.

Bis auf die zehn Minuten Zeit, die anfangs aufgebracht werden müssen für die tägliche Meditation, gibt es keine weiteren Nachteile. Und auch diese überschaubare Zeit ist eigentlich nicht als Nachteil zu sehen, weil wahrscheinlich auch in Ihrem Alltag zehn Minuten oft und schnell mit unnötigen Dingen einfach verstreichen, während Sie auf Ihr Smartphone schauen oder sich über einen unverschämten Bericht im Fernsehen aufregen. Nutzen Sie diese Zeit anders und profitieren Sie doppelt davon. Wenn Sie jetzt der Ehrgeiz gepackt hat und Sie die Meditation ausprobieren möchten, gibt es nur eine Handvoll Punkte, die Sie im Vorfeld darüber wissen sollten.[16]

1. Die Welt wird sich nicht von heute auf morgen grundlegend ändern und erleuchten.
   Wer darauf hofft, dass die Meditation ihm hilft, sich weiterzuentwickeln, sich selbst zu erkennen und das Bewusstsein aktiv zu stärken, darf nicht davon ausgehen, dass nach einer einmaligen zehnminütigen Einheit bereits alle Gedanken erfasst wurden und die Lösung für ein bestimmtes Problem gefunden wurde. Regelmäßigkeit und Konsequenz sind der Schlüssel zum Erfolg. Optimal ist die tägliche Meditation, um sich selbst jeden Tag die Möglichkeit zu geben, vom Alltag abzuschalten und zur inneren Ruhe zu finden. Zwei bis drei Einheiten die Woche sind aber auch noch ausreichend, um langfristig von diesen Pausen zu profitieren. Mit der Zeit werden Sie feststellen, dass sich die kurze Auszeit in Ihren Alltag so integriert wie das morgendliche Zähneputzen. Und

[16]Sara W. Lazar, Catherine E. Kerr, Rachel H. Wassermann, et. al.: *Meditation experience is associated with increased cortical thickness.* Neuroreport, 28.11.2005; 16 (17): 1893-97.

diese Routine hilft dabei, noch erholsamer und tiefer zu entspannen, der Körper und der Geist wissen dann nämlich bereits im Vorfeld, dass ihnen jetzt die Zeit gegeben wird, herunterzufahren und auf sich selbst zu achten.

2. Bleiben Sie realistisch. Wie so oft im Leben ist mehr nicht gleich mehr und länger nicht automatisch besser. Wenn Sie sich in Ihrer ersten Einheit vornehmen, eine Stunde regungslos in der Stille zu sitzen, sich mit Ihren Gedanken auseinanderzusetzen und sich jetzt zu entspannen, wird Ihnen wohl nicht nur ein Strich durch die Rechnung gemacht, sondern Ihnen auch die weitere Lust am regelmäßigen Meditieren genommen. Anfangs reichen etwa fünf bis maximal zehn Minuten Meditation vollkommen aus, um die Umwelt und den Alltag auszuschalten und zur Ruhe zu kommen. Und selbst diese vergleichsweise kurze Zeit wird Ihnen womöglich sehr lang vorkommen. Stellen Sie sich am besten einen Wecker, der Sie sanft aus der Entspannung zurückholt, wenn die Zeit abgelaufen ist, so können Sie wirklich Ihre volle Aufmerksamkeit Ihrem Inneren schenken. Und seien Sie offen für alles, was Ihnen während der Meditation durch den Kopf gehen wird. Sie werden sicherlich nicht direkt gedankenlos zehn Minuten sitzen können. Lassen Sie die Gedanken zu, nehmen Sie sie wahr, und schieben Sie sie sanft wieder beiseite, um sich auf Ihren Fokus zu konzentrieren. Aber sehen Sie die aufkommenden Gedanken nicht als Schwäche oder als Versagen, sondern vielmehr als Wegbegleiter, der sich mit der Zeit immer mehr von Ihnen entfernen wird.
3. Worauf wird die Aufmerksamkeit gelenkt?
   Bei der Meditation wird ein Objekt fokussiert und erlangt die volle Aufmerksamkeit. Andere Gedanken und Emotionen werden ausgeblendet und die inneren Vorgänge lediglich betrachtet und wahrgenommen. Vor allem für Anfänger ist meist der Fokus auf den Atem sinnvoll, weil Sie ihn in jedem Augenblick aktiv spüren, die Tiefe des

Atemzuges selbst beeinflussen und steuern können und es bei Ablenkung durch aufkommende Überlegungen relativ einfach fällt, sich wieder auf den regelmäßigen Atem zu konzentrieren. Aber die Objekte der Aufmerksamkeit können an Ihre alltägliche Lebenssituation angepasst werden, sich täglich, wöchentlich oder monatlich ändern und so den Erfolg der Entspannung optimieren. Verschiedene Geräusche, wie beispielsweise der Gong einer Klangschale, eine bestimmte Musik, Meeresrauschen oder das Rauschen des eigenen Atems können ebenso fokussiert werden wie die individuellen Gefühle. Ob es sich um die bewusste Aufmerksamkeit auf Ihre Freude, Angst, Unwohlsein, Einsamkeit, Vorfreude oder Trauer handelt, bleibt vollkommen Ihnen und Ihrem Tag überlassen. Körperliche Empfindungen, zu denen zum Beispiel Schmerzen, aber auch Kribbeln im Magenbereich oder den Extremitäten, das Gefühl von Wärme oder Kälte, Druck oder Ähnliches zählen, können während der Meditation Objekt des Fokus werden und sich einer umfangreichen Beobachtung unterziehen. Vor allem für erfahrene Teilnehmer einer Meditation eignen sich auch spezielle Dinge als Aufmerksamkeitsobjekt. Eine Kerzenflamme kann Ihren Blick sehr gut in ihren Bann ziehen, aber auch hier können Sie sich jeden zu Ihnen passenden Gegenstand aussuchen. Wichtig ist und bleibt nur, dass Sie sich zutrauen, zehn Minuten lang diesem Gegenstand, dieser Empfindung, diesem Gefühl oder diesen Geräuschen Ihre volle Aufmerksamkeit zu schenken.

4. Die eigentliche Meditation. Wenn Sie sich ein zeitliches Limit gesetzt und ein Objekt Ihres Fokus ausgesucht haben, kann die Meditation bereits beginnen. Manche Menschen bevorzugen einen bestimmten Ort für die Meditation, andere benötigen lediglich eine angenehme Unterlage wie eine Yoga-Matte oder ein Sitzkissen und noch andere können ohne jegliche Hilfsmittel an jedem Ort ihre Meditation starten. Finden Sie für sich heraus, wo Sie sich mit der Meditation

am wohlsten fühlen und begeben Sie sich an diesen Platz. Ein traditioneller Meditationslehrer würde sich nun wahrscheinlich in den typischen Lotus-Sitz begeben (die Haltung des Buddhas), aber auch der Schneider- oder der Fersensitz eignen sich hervorragend für die Entspannungsübung. Falls Ihnen keine dieser Sitzvarianten zusagt, können Sie natürlich jede beliebige Sitzhaltung einnehmen. Sie sollte lediglich ausreichend bequem sein, um etwa zehn Minuten in dieser Position zu verharren und Ihre Wirbelsäule und der ganze Rücken sollten gerade sein. Wenn Sie eine angenehme Position eingenommen haben, entspannen Sie Ihren Körper. Die Schultern dürfen hängen gelassen werden, die Hände locker auf dem Schoß oder den Knien abgelegt werden. Alle Muskeln, die nicht für die gerade Haltung benötigt werden, dürfen entspannen. Wenn der Körper bereits in einen Zustand der Entspannung übergegangen ist, schließen Sie Ihre Augen und beginnen, Ihren Fokus auf Ihren Atem zu lenken. Fünf bewusste Atemzüge lassen den Geist und den Körper entspannen und ankommen. Schenken Sie nun Ihrem Atem die volle Aufmerksamkeit. Verfolgen Sie seinen Strom, wie er von der Nase bis in die Lunge fließt. Fokussieren Sie nicht nur den oberflächlichen Weg, sondern nehmen Sie Teil an jedem Detail, das Sie aufspüren. Das kann der Punkt sein, an dem die Luft den Rachen berührt, die Art und Weise, wie sich Ihr Brustkorb hebt und senkt, oder das Gefühl des Atems in Ihrer Nase. Wenn sich andere Gedanken einschleichen und versuchen, Ihre Aufmerksamkeit zu erlangen, schieben Sie diese beiseite, fokussieren Sie sich weiter auf Ihren Atem. Das Ziel Ihrer Meditation ist, sich während der gesamten Zeit ausschließlich auf den Atem zu konzentrieren. Wenn der Wecker, den Sie im Vorfeld auf zehn Minuten gestellt haben, klingelt und Sie leise aus der Meditation abholt, gönnen Sie Ihrem Körper noch einige Augenblicke zum Aufwachen. Sie müssen nicht direkt aufspringen und einer anderen Tätigkeit nachgehen. Geben

Sie sich ein wenig Zeit, die gespürte Aufmerksamkeit zu verarbeiten und die meditative Haltung gegebenenfalls sogar mit in die bevorstehenden Tätigkeiten zu nehmen.

5. Moderne Alternativen zur klassischen Meditation. Der zeitgenössische Mensch weiß zwar genau, dass die klassischen Varianten in der Regel wirkungsvoll und zielführend sind, möchte sich aber oft trotzdem Neuigkeiten und Auswahlmöglichkeiten erschaffen. Dieses Phänomen tritt in jedem Lebensbereich auf und auch in dem der Entspannung und der Meditation. Als Gesellschaft, die ständig online ist, deren Smartphone oder Tablet immer in greifbarer Nähe sind, werden einige Minuten ohne diese Gegenstände manchmal als hinterwäldlerisch oder sinnlos angesehen. Umso besser, dass es mittlerweile zahlreiche Apps gibt, die sowohl Anfänger als auch Fortgeschrittene genau an ihrem Niveau abholen und zum Meditieren einladen.[17] Sie sind im Apple Store, im Google Play Store und teilweise sogar im Browser zu öffnen. Die meisten bieten eine gratis Version zum Testen an. Viele der Apps unterdrücken automatisch einkommende Anrufe oder Nachrichten, falls dies nicht der Fall ist, sollte vor der Meditation auf jeden Fall der Flugmodus aktiviert werden, um nicht gestört zu werden. Die Meditationen in diesen Apps können sowohl geführt als auch frei sein. Ebenso geführte Meditationen finden Sie auf Internetplattformen wie YouTube. Achten Sie auch bei dieser

---

[17]Tina Feicht, Marc Wittmann, Gerald Jose: *Evaluation of a Seven-Week Web-Based Happiness Training to Improve Psychological Well-Being, Reduce Stress, and Enhance Mindfulness and Flourishing: A Randomized Controlled Occupational Health Study*. Evidence-Based Complementary and Alternative Medicine, 2013.

Benutzung darauf, dass Sie nicht anderweitig gestört werden und schalten Sie das Gerät in den Flugmodus. Wer bewusst die Zeit der Entspannung offline verbringen will, dem können in größeren Städten Vereine oder Zentren für Meditation helfen. In regelmäßigen Abständen bieten diese vor allem für Anfänger oft geführte Meditationen, die allein oder gemeinsam mit Freunden besucht werden können. Universitäten und auch Schulen bieten mittlerweile immer häufiger Kurse oder Arbeitsgruppen zum Thema Meditation an, bei denen neben den unterschiedlichen Techniken auch allgemeines Grundwissen erlangt wird.

FANTASIEREISE

Viele Menschen sind der Auffassung, Fantasiereisen seien ausschließlich für Kinder gemacht, würden nur bei Kindern angewendet werden und seien vielleicht sogar lächerlich und peinlich. Aber diese Ansicht ist nicht korrekt, denn Fantasiereisen haben dank des tiefen Entspannungszustandes, den sie bei den Teilnehmern auslösen, großes Potenzial, das eigene Potenzial erst zu erkennen. Im Alltag und bei gängigen Problemen ist das Bewusstsein für die Erstellung von Lösungsansätzen zuständig, und nimmt die Rolle eines Vermittlers zwischen der Außen- und der Innenwelt ein.

Die Persönlichkeit eines Menschen reicht tiefer als nur das Bewusstsein und umfasst zudem auch unbewusste Gefühle, innere Konflikte, Antriebe oder verdrängte Erinnerungen. Aber ein Mensch besteht aus noch mehr als nur dem Bewusstsein und der Persönlichkeit, nämlich seinem Selbst. Das behütet sein weiteres Potenzial, seine Möglichkeiten, die bislang noch unerschlossen und unangerührt sind. Wenn aber das Selbst angesprochen wird, kommen auch die Potenziale des Menschen an die Oberfläche und können erkannt und umgesetzt werden, der Mensch erfährt die Entwicklung seiner Persönlichkeit. Gute Fantasiereisen verwenden Bilder der eigenen inneren Landschaft, um Erinnerungen, Assoziationen und Gefühle zu wecken und wahrzunehmen.

So kommt es zu einer detaillierten Selbstwahrnehmung, die in der Fantasiewelt keinen gesellschaftlichen Zwängen oder äußerlichem Druck standhalten muss. Das, was wahrgenommen wird, wird ebenso akzeptiert und geliebt. Darauf baut sich bei regelmäßiger Anwendung ein positives Verhältnis zu sich selbst auf, das eigene Selbstbewusstsein wird gestärkt und die Wahrnehmung von individuellen Wünschen, Bedürfnissen und Fähigkeiten ermöglicht deren Entwicklung in der Realität. Denn nur, wer den eigenen Fähigkeiten vertraut, kann im stressigen Alltag ein Stück konstruktiver handeln, seine Potenziale ausschöpfen und sich weiterentwickeln.

Fantasiereisen können sowohl mit mehreren Menschen gleichzeitig als auch allein durchgeführt werden. Im Idealfall betreut Sie eine Person, die Ihnen mit ruhiger Stimme die Reise vorliest. Je nach Belieben kann dabei eine leise Hintergrundmusik gespielt werden. Falls Sie die Reise allein machen, können Sie sie im Vorfeld aufnehmen und nun die Audiodatei einfach abspielen.

DER GLÄNZENDE KIESELSTEIN

Mach es dir gemütlich, begib dich in eine angenehme Position und komme zur Ruhe. Schließe die Augen, lege die Hände bequem ab, nimm einen tiefen Atemzug. Ein und aus. Ein und aus. Entspanne deinen Nacken, lass die Schultern sinken und die Anspannung von dir weichen. Konzentriere dich auf das, was du vor deinem inneren Auge siehst. Siehst du den Flusslauf, wie ruhig und geschickt er sich durch die frische Natur schlängelt und wie diese grüne saftige Wiese ihn einschließt? Du folgst dem Geräusch der Vögel, dein Blick wandert in den Himmel, er ist strahlend blau und endlos. Zwei kleine weiße Wolken fliegen am Horizont vorbei, als wollten sie das Bild nicht stören. Du spürst die Wärme der Sonne, ihr gelbes Licht trifft deine Haut. Der Wind berührt deinen Hals und lockert dein Haar. Du sitzt still am Ufer, das Wasser ist so klar, du hörst gespannt, wie es plätschert. Hier und da taucht ein kleiner Fisch auf, schwimmt dicht unter der Oberfläche und verschwindet dann wieder in Richtung des sicheren Bodens. Aus den einzelnen Fischen bildet sich ein ganzer Schwarm, dann löst er sich wieder auf, um sich in anderer Konstellation neu zu bilden.

Neugierig beobachtest du die Tiere im Wasser. Aber die Tiere in der Luft versuchen offenbar, deine Aufmerksamkeit zu erlangen, sie singen fröhlich und piepsen laut vor sich hin. Es klingt angenehm stimmig. Du fühlst dich friedlich, bist ganz zur Ruhe gekommen. Deine Gedanken sind frei und genießen die freie Natur, die Luft, die Unbekümmertheit der Tiere. In dieser Ruhe hast du Zeit, deine Umgebung und dich selbst wahrzunehmen. Lass das Bild auf dich wirken. Betrachte es ausgiebig. Dein Blick wandert umher und fällt auf eine Menge Kieselsteine, die auf dem Sand liegen.

Sie ähneln sich stark und doch sind sie alle unterschiedlich. Du stehst auf und begibst dich zu den Steinen, sie faszinieren dich. Es sind so viele Steine auf einmal. Du siehst sie dir intensiv an und erkennst einige Unterschiede. Deine Finger berühren die Kiesel, sie fühlen sich unterschiedlich an. Dieser eine Stein, den du jetzt gerade betrachtest, gefällt dir besonders. Er schenkt dir ein einzigartiges Glänzen. Du nimmst ihn hoch und schaust ihn jetzt ganz genau an. In deiner Handinnenfläche erzeugt er ein Gefühl von Wärme, du ertastest jede Seite des Kieselsteins. Du lässt den ausgewählten Stein von einer Hand in die andere rollen, betrachtest ihn bei jedem Handwechsel ganz genau. Fühlt er sich rau an oder glatt, warm oder kalt? Seine Form, ist sie kantig oder rund?

Der Stein liegt in deiner offenen Hand und du konzentrierst dich auf das Gefühl, das er dir jetzt gerade gibt. Mit welchem Gewicht er sich in deine Hand legt, die Wärme, wie sie sich an die deiner Hand anpasst. Wirf den Stein etwas in die Höhe, nur ein paar wenige Zentimeter über deine Hand. Beobachte deine Bewegung, wie du den Stein wieder auffängst und ihn fest umschließt. Wirf ihn wieder und immer wieder, bis deine Bewegungen routiniert werden und du ihn mühelos auffangen kannst. Wirf den Kiesel jetzt etwas höher und fange ihn mit der gleichen Leichtigkeit wieder auf. Fühlt er sich aus der Höhe schwerer an? Mit welcher Hand wirfst du den Kiesel? Betrachte das Glänzen des Steines in deiner Hand und in der Luft. Verinnerliche dieses Bild, wie der Stein in die Luft aufsteigt und wieder in deine Hand zurückfällt.

Male dir jetzt aus, wie du alles genau beobachten kannst, während der Kieselstein in Zeitlupe fliegen würde. Du wirfst ihn wieder hoch und fühlst den Moment, deine Hand muss sein Gewicht nicht mehr tragen, sie wird leer und leicht. Betrachte den Kiesel, wie er hochfliegt. Ganz langsam. Wie bewegt er sich? Konzentriere dich nur auf den Kieselstein. Dreht er sich um die eigene Achse, nimmt er eine bestimmte Flugbahn ein? Am Wendepunkt angekommen bleibt er kurz einen Moment still in der Luft stehen oder fällt er direkt wieder hinunter? Glänzt er dich noch immer an? Sieh zu, wie der Stein wieder fällt, immer weiter an Höhe verliert und schließlich in deiner Hand aufschlägt. Fühlt es sich schwer an, ist er abgekühlt? Spüre, wie der Stein den Kontakt mit deiner Hand sucht. Wie fühlt sie sich jetzt an, deine Hand? Fühle den Unterschied, wie sie sich mit oder ohne Kiesel bewegt. Experimentiere mit dem Stein, ertaste ihn, fühle ihn, gib ihm deine Konzentration. Hebe jetzt noch zwei Steine auf, die am Ufer des Flusses liegen. Nimm sie alle drei in die gleiche Hand, und wirf sie nacheinander in die Luft. Jongliere mit den Steinen, spiel mit ihnen und beobachte sie in ihrem Steigen und Fallen.

Abwechselnd wirfst du sie hoch in die Luft, fängst sie wieder auf, jeder Stein fliegt anders, jeder auf seine Weise. Male dir aus, wie die Steine nicht nur von der Sonne angestrahlt werden, sondern selbst wie drei kleine Sonnen anfangen zu scheinen. In welchen Farben erleuchten sie? Du beobachtest das tanzende Farbspiel der Kiesel, wie sie durch die Luft fliegen und ihre bunten Lichter in alle Richtungen ausstrahlen. Wenn eine Wolke über ihnen vorbeiziehen würde, könntest du ihre Lichter noch besser erkennen. Spüre die Magie dieses Moments, wie die Steine dich verzaubern. Wenn du magst, heb noch mehr Steine auf und jongliere mit allen gemeinsam. Oder stell dir vor, wie die leuchtenden Kiesel frei durch die Luft schweben würden. Wohin würden sie schweben? Schwerelos trieben sie leuchtend durch die Luft, langsam jeder in seine Richtung.

Ändern sie ihre Richtung, wenn du sie antippst? Lassen sie sich von dir einfangen? Spiele mit den Steinen, probiere, was möglich ist. Lass die Kieselsteine nun langsam wieder auf den Boden sinken, ihre Farben werden schwächer, bis sie nur noch von der Sonne angestrahlt werden. Du legst sie langsam zurück zu der Steinansammlung am Ufer. Wenn du möchtest, behalte den ersten Kiesel, den du gefunden hast. Verabschiede dich langsam von den anderen Steinen, von dem Fluss, von den Vögeln in der Luft. Nimm noch einen tiefen Atemzug, als könntest du die frische Luft der grünen Wiese mitnehmen. Strecke deine Arme aus, gleite langsam zurück hierher und öffne deine Augen.

DIE WEIßE FEDER

Mach es dir gemütlich, lasse die Anspannung und die Sorgen des Tages von dir abfallen, spüre, wie du leichter und entspannter wirst. Du schließt deine Augen, löse deine Füße, deine Beine, fühle, wie deine Arme einfach hinunterhängen und sich bequem ablegen. Deine Hände sind weich. Achte auf deine Atmung. Tief ein und aus. Nochmal ein und aus. Der Sauerstoff breitet sich in deinem Körper aus und schenkt ihm ein Gefühl von Sicherheit und Ruhe. Wie ein warmer Luftstrom breitet sich die Luft in deinem Körper aus, erfüllt ihn, wärmt ihn, entspannt ihn. Was kann dieser warme Luftstrom deines Atems noch? Stell dir vor, du hältst eine Feder in deiner Hand. Sie ist weich, weiß und zart. Im Wind wird sie langsam aus deiner Hand gehoben und fortgetragen. Du folgst der Feder, sie zeigt dir den Weg zu einer weiten, grünen Wiese. Immer noch wird sie von der Luft getragen, als wäre sie vollkommen schwerelos.

Du spürst diese Schwerelosigkeit auch. Wenn die Feder absinkt und dem Boden ganz nah kommt, trägt der nächste Windstoß sie wieder höher und weiter. Du schaust dich um, bestaunst die bunten Blumen, die die Wiese übersäen und verschönern. Während die weiße Feder weiter auf und ab durch die Luft fliegt, sanft hin und her geschaukelt wird, setzt du dich auf der Wiese hin, ohne eine Blume zu treffen. Du beobachtest, wie die Feder tanzt, und genießt die Wärme, die Ruhe und die Einzigartigkeit dieses Moments. Nimm den Augenblick in dich auf. Jetzt sinkt die Feder immer weiter ab, schwebt tanzend Richtung Boden, ein warmer Windstoß schickt sie zu dir. Leise und sacht ist sie jetzt auf Kopfhöhe, du breitest die Hand aus, damit sie dort landen kann. Du fängst die Feder auf, spürst ihre Reinheit und ihre Leichtigkeit.

Die Berührung mit etwas so Weichem löst ein wohliges Gefühl in dir aus. Die Feder kitzelt mit ihrem Flaum die Innenfläche deiner Hand. Ganz zart und sanft, aber trotzdem spürst du es. Wie sieht die Feder aus? Ist sie flauschig und buschig oder eher glatt und fein? Fühlt sie sich in deiner Hand so an, wie du es erwartet hast? Spüre, wie sie dir nachgibt, wenn du mit dem Finger entlang ihrer Außenkante streichelst. Du bestaunst, wie leicht die Feder ist, und trotzdem ist sie so stark und kräftig. Schwerelos und dennoch voller Selbstbewusstsein.

Frei von Flecken, sauber und ordentlich liegt sie in deiner Hand. Du hebst die Hand näher zu deinem Gesicht und nimmst einen tiefen Atemzug. Während du langsam und warm ausatmest, hebt die Feder wieder ab, verabschiedet sich tanzend von dir und geht über in den Strom des warmen sommerlichen Windes. Du schaust ihr nach, sie steigt höher und immer höher. Dein Atem ist immer noch tief und lang. Bis in den Bauch strömt das sanfte wohlige Gefühl, das die Feder in dir ausgelöst hat. Die Feder ist jetzt so weit weg, dass du sie nur noch als weißen Strich erkennen kannst. Du atmest die Luft der grünen Wiese ein und nimmst sie mit zurück in deine Welt. Atme bewusst ein und aus, ein und aus. Langsam öffnest du deine Augen, und kehrst zurück aus der Fantasiewelt.

ATEMTECHNIK ZUR ENTSPANNUNG

Entspannung ist nicht immer ein aktiver Prozess, für den Sie sich bewusst Zeit einräumen müssen, der einen bestimmten Ort benötigt oder im Voraus geplant wird. Kleine, unauffällige Atemtechniken helfen akut im stressigen Alltag, ein klein wenig zu entspannen, ruhiger zu werden und neue Energie zu tanken. Die meisten Menschen atmen tagsüber mit der sogenannten Brustatmung, die sich an dem Heben und Senken des Brustkorbes bemerkbar macht. Hierbei werden jedoch viele Zwischenrippenmuskeln beansprucht. Wenn diese sich während des Einatmens zusammenziehen, können sich die Rippen heben und nach außen zu drehen.

So kann die Luft in die Lunge strömen, und der Brustkorb größer werden. Besonders entspannend ist diese Technik für den Körper jedoch nicht. Vor allem aus energetischer Sicht hilft die Bauchatmung beim Entspannen mehr als die Brustatmung. Wenn Sie sich also im Alltag gestresst fühlen, von einem Termin zum nächsten hetzen müssen und keine Zeit für eine vernünftige Pause haben, versuchen Sie, Ihre Atmung zwei Minuten lang von der Brustatmung auf die Bauchatmung umzustellen. Im Idealfall schließen Sie hierfür zusätzlich die Augen und atmen langsam, aber tief in den Bauch hinein. Wenn Sie eine Hand auf die Bauchdecke legen, können Sie die Atmung kontrollieren, denn der Bauch sollte sich weit nach außen wölben. So können Sie fünf bis sieben tiefe Atemzüge nehmen und direkt in den Bauch leiten.

Aber warum hilft diese Atemtechnik beim kurzfristigen Entspannen? Im Gegensatz zur Brustatmung wird bei der Bauchatmung ausschließlich das Zwerchfell beansprucht. Hierbei handelt es sich um einen Muskel, der den Brustraum vom Bauchraum trennt. Beim Ausatmen wird die Luft aus der Lunge herausgepresst und das Zwerchfell entspannt sich. Beim Einatmen hingegen wird es angespannt, während sich die Lunge mit Luft füllt und so die Eingeweide in der Bauchgegend zur Seite schiebt. Dieser Prozess ist für die Innereien jedoch keineswegs unangenehm, es fördert sogar die Verdauung und massiert die Eingeweide ein wenig. Energetisch wird bei der Bauchatmung also nur ein Muskel, das Zwerchfell, benutzt, während bei der Brustatmung viele verschiedene Zwischenrippenmuskeln arbeiten. Überzeugen Sie sich selbst von der schnellen Entspannung im Alltagsstress, ausgelöst einzig und allein durch Ihre tiefe Atmung in den Bauch hinein.

Streitverhalten lernen

Persönliche Angriffe, Beleidigungen, Be- und Verurteilungen. Wer hat in einem Streit noch nicht reflexartig zu unfairen Mitteln gegriffen? Manchmal schämen Sie sich im Nachhinein vielleicht für den Verlauf eines Streites, manchmal sind Sie sich dessen gar nicht so bewusst und manchmal fühlen Sie sich auch einfach im Recht. Aber es kommt nicht immer darauf an, Recht oder Unrecht zu haben.

Warum streiten Sie sich? Weil Sie sich ungerecht behandelt fühlen oder weil Sie mit einer Situation oder einem Sachverhalt nicht einverstanden sind, weil Sie verletzt sind oder einfach unzufrieden mit der Gesamtsituation? Streiten ist an sich keine schlechte Angewohnheit oder ein Unding, das es zu vermeiden gilt.

Im Streit können viele ihre Emotionen herauslassen, fühlen sich im Anschluss befreit und lastfreier. Es kommt aber darauf an, wie Sie selbst zum Streit stehen. Sehen Sie die Ursachen für Ihre Unzufriedenheit bei sich selbst oder bei anderen, Ihrem Partner oder Ihrem Kollegen vielleicht? Wenn Sie mit sich selbst im Reinen sind, können Sie besser verstehen, warum Sie und auch Ihr Streitpartner so reagieren, welche Gefühle welche Reaktionen auslösen und wie diese gelöst werden können.

Sinnlose Schuldzuweisungen bringen weder Sie noch Ihr Gegenüber weiter. Wenn Sie aber im Vorfeld auf ruhige Art und Weise betonen, was Sie momentan als problematisch ansehen, können Sie im besten Fall einem Streit ausweichen. Gestehen Sie sich Ihre eigenen Ansichten ein, seien Sie dabei ehrlich zu sich selbst und suchen Sie nicht automatisch die Fehler bei anderen. Offene, sachliche Veranschaulichungen treffen Sie und Ihren Streitpartner aber weniger hart als beleidigende Streitgespräche, die schwere Konsequenzen nach sich ziehen können.

Öffnen Sie Ihre gelassene Seite, trauen Sie sich, Probleme anzusprechen und versuchen Sie, auch in Streitsituationen, die sich nicht vermeiden ließen, sachlich und fair zu bleiben. Denn auch Konflikte und Streitigkeiten gehören zu Ihrem Alltag, akzeptieren Sie sie und begegnen Sie ihnen mit ihrer persönlichen Ausgeglichenheit und Balance.

Reflexion

Wenn Sie sich entwickeln, werden manche Dinge in Vergessenheit geraten. Probleme, die anfangs so groß und unüberwindlich erschienen, waren am Ende vielleicht nur getarnte Zufluchtsorte vor Kernängsten, die Sie besiegt und somit im Keim erstickt haben. Stärken, auf die Sie zu Beginn der Reise stolz waren, erfüllen Sie jetzt mit noch mehr Stolz, weil Sie trotz der hohen Anforderungen nicht aufgehört haben, Ihre Fähigkeiten auszubauen und sie zu erweitern. Gefühle können Sie jetzt besser wahrnehmen und einordnen, akzeptieren und lenken. Wenn ein Gedankengang gerade unpassend ist oder Ihnen in dieser Situation nicht weiterhilft, können Sie ihn beiseiteschieben, Ihren Fokus auf wichtigere Dinge verlegen, selbst über Ihre Aufmerksamkeit bestimmen. Ihre Mitmenschen bewundern Sie wahrscheinlich für Ihre Ausgeglichenheit, für Ihren starken Willen, für Ihre einfache und doch erstrebenswerte Art, Situationen zu betrachten und zu bewerten.

Führen Sie sich Ihren Weg vor Augen, halten Sie Meilensteine fest, blicken Sie auf alles, was Sie in letzter Zeit erreicht haben und was Sie noch erreichen werden. Seien Sie dankbar, Sie selbst zu sein, mit allen Facetten Ihrer Persönlichkeit und mit all dem Potenzial, das Sie aus sich herausholen. Seien Sie stolz auf sich.

Quellenverzeichnis

David Kidd, Emanuele Castano: *Literary Fiction improves theory of mind.* Science Vol. 342, Oktober 2013, S. 377-380.

G. Marina Veltkamp, Guillermo Recio, Arthur M. Jacobs, et. al.: *Is personality modulated by language?* Sage journals, 2012.

Gregory S. Berns, Kristina Blaine, Michael J. Prietula, et. al.: *Short- and Long-Term Effects of a Novel on Connectivity in the Brain.* Brain Connectivity, Vol. 3, No. 6, 2013.

Gerd Wenninger (Hrgs.): *Lexikon der Psychologie.* Spektrum Akademische Verlag GmbH, Heidelberg, 2001.

Kevin J. Mitchell: *Innate: How the Wiring of Our Brains Shapes Who We Are.* Princeton Univers. Press, 2018.

Monika Mörtenhummer (Hrsg.): *Zitate im Management,* Linde Verlag Wien GmbH, 2008, S. 177.

Monika Mörtenhummer (Hrsg.): *Zitate im Management,* Linde Verlag Wien GmbH, 2009, S. 163.

Jens B. Asendorpf, F. J. Neyer: *Psychologie der Persönlichkeit.* Springer, Auflage 5, vollst. überarb. Aufl. 27.11.2012, S. 317.

Johann W. Goethe, Maximen und Reflexionen. *Aphorismen und Aufzeichnungen. Nach den Handschriften des Goethe- und Schiller-Archivs* hg. von Max Hecker, Verlag der Goethe-Gesellschaft, Weimar 1907. Aus: Wilhelm Meisters Wanderjahre, Aus Makariens Archiv

John Strelecky: *Auszeit im Café am Rande der Welt.* Dtv, München, 2019.

John Strelecky: *Das Café am Rande der Welt.* Dtv, München, 2007.

John Strelecky: *Wiedersehen im Café am Rande der Welt.* Dtv, München, 2015.

Jule Specht: Charakterfrage. Wer wir sind und wie wir uns verändern. Rowohlt Verlag, Reinbek, 2018.

Oliver P. John, Laura P. Naumann, Christopher J. Soto: *Paradigm Shift to the Integrative Big Five Trait Taxonomy*. Handbook of Personality Theory and Research, 3. Auflage, 2008, S. 114–117.

Philippa Lally, Cornelia H. M. van Jaarsveld, Henry W. W. Potts, et. al.: *How are habits formed: Modelling habit formation in the real world.* European Journal of Social Psychology, 16.07.2009.

René Proyer, Fabian Gander, Sara Wellenzohn, et. al.: *Nine beautiful things: A self-administered online positive psychology intervention on the beauty in nature, arts, and behaviors increases happiness and ameliorates depressive symptoms.* Personality and Individual Differences, 94.

Robert S. Wilson, Patricia A. Boyle, Lei Yu, et. al.: *Life-span cognitive activity, neuropathologic burden, and cognitive aging.* Neurology, Juli 2013.

Rosemary Wilson: *Another language is another soul*. Language and intercultural communication, 2013, S. 298-309.

Sara W. Lazar, Catherine E. Kerr, Rachel H. Wassermann, et. al.: *Meditation experience is associated with increased cortical thickness.* Neuroreport, 28.11.2005; 16 (17): 1893-97.

Shawn Achor: *The Happiness Advantage: The seven principles of positive psychology that fuel success and performance at work.* Ebury Publishing, 2011.

Tina Feicht, Marc Wittmann, Gerald Jose: *Evaluation of a Seven-Week Web-Based Happiness Training to Improve Psychological Well-Being, Reduce Stress, and Enhance Mindfulness and Flourishing: A Randomized Controlled Occupational Health Study*. Evidence-Based Complementary and Alternative Medicine, 2013.

TwinLife Studie, Deutsche Forschungsgemeinschaft (DFG), gestartet 2014.

Impressum

Herausgeber: Pegoa Global Media GmbH / Am Sandtorkai 27 / 20457 Hamburg
Kontakt: kontakt@pegoamedia.de
Coverbild: Shutterstock

Haftungsausschluss:
Die Nutzung dieses Buches und die Umsetzung der enthaltenen Informationen, Anleitungen und Strategien erfolgt auf eigenes Risiko. Der Autor kann für etwaige Schäden jeglicher Art aus keinem Rechtsgrund eine Haftung übernehmen. Haftungsansprüche gegen den Autor für Schäden materieller oder ideeller Art, die durch die Nutzung oder Nichtnutzung der Informationen bzw. durch die Nutzung fehlerhafter und/oder unvollständiger Informationen verursacht wurden, sind grundsätzlich ausgeschlossen. Rechts- und Schadenersatzansprüche sind daher ausgeschlossen. Dieses Werk wurde sorgfältig erarbeitet und niedergeschrieben. Der Autor übernimmt jedoch keinerlei Gewähr für die Aktualität, Vollständigkeit und Qualität der Informationen. Druckfehler und Falschinformationen können nicht vollständig ausgeschlossen werden. Es kann keine juristische Verantwortung sowie Haftung in irgendeiner Form für fehlerhafte Angaben vom Autor übernommen werden. Die bereitgestellten Analysen, Vorschläge, Ideen, Meinungen, Kommentare und Texte sind ausschließlich zur Information bestimmt und können ein individuelles Beratungsgespräch nicht ersetzen. Alle Informationen dieses Buches entsprechen dem Kenntnisstand zum Zeitpunkt des Verfassens dieses Buches. Eine Haftung für mittelbare und unmittelbare Folgen aus den Informationen dieses Buches ist somit ausgeschlossen.
Informieren Sie sich weitläufig aus unterschiedlichen Quellen und bedenken Sie, dass am Ende nur Sie für die Entscheidungen verantwortlich sind.

Urheberrecht:
Das Werk einschließlich aller Inhalte, wie Informationen, Strategien und Tipps ist urheberrechtlich geschützt. Alle Rechte vorbehalten. Nachdruck oder Reproduktion (auch auszugsweise) in irgendeiner Form (Druck, Fotokopie oder anderes Verfahren) sowie die Einspeicherung, Verarbeitung, Vervielfältigung und Verbreitung mithilfe elektronischer Systeme jeglicher Art, gesamt oder auszugsweise, ist ohne ausdrückliche schriftliche Genehmigung des Autors untersagt. Die Inhalte dürfen keinesfalls veröffentlicht werden. Bei Missachtung werden rechtliche Schritte eingeleitet.

Haftung für externe Links:
Unser Angebot enthält Links zu externen Websites Dritter, auf deren Inhalte wir keinen Einfluss haben. Deshalb können wir für diese fremden Inhalte auch keine Gewähr übernehmen. Für die Inhalte der verlinkten Seiten ist stets der jeweilige Anbieter oder Betreiber der Seiten verantwortlich. Die verlinkten Seiten wurden zum Zeitpunkt der Verlinkung auf mögliche Rechtsverstöße überprüft. Rechtswidrige Inhalte waren zum Zeit-punkt der Verlinkung nicht erkennbar.

Wir danken Ihnen für Ihr Interesse und Ihr Vertrauen. Als Dankeschön dafür, haben wir eine besondere Überraschung. Wir haben exklusiv für Sie **„Wie Sie mithilfe von Selbstreflexion und Visualisierung positiver durchs Leben gehen - inklusive Tipps für mehr Selbstliebe"**. Und diese erhalten Sie vollkommen kostenlos. Das klingt wunderbar? Dann warten Sie nicht lange und holen Sie sich Ihr Gratis-Geschenk.

Hier geht es zu Ihrem Gratis-Geschenk:

https://forms.gle/KBC84WyUsy3zUnzF6

1. **Öffnen Sie die Kamera-App auf Ihrem Smartphone und richten Sie die Kamera auf den QR-Code.**
2. **Klicken Sie auf den Link, der Ihnen angezeigt wird und schon werden Sie zur Website weitergeleitet.**